KB089443

결국 고객은 당신의 한마디에
지갑을 연다

결국 고객은
당신의 한마디에
지갑을 연다

남윤용 지음

한국경제신문 *i*

프롤로그
진실한 말로 고객에게 올인하라

　나는 27년 동안 S유통그룹에서 마케팅 및 경영 부문의 일을 했다. 업무 과정에서 상당수 기업체와 스타트업의 관계자 및 CEO들을 만나 왔다. 그들이 공통적으로 이야기하는 것은 "아이템은 너무 좋은데 팔리지 않는다"라는 것이었다. 왜 그럴까? 정말 좋은 제품인데 왜 고객들은 외면할까? 답답했다.

　맞다! 상품이 아무리 좋아도 고객이 구매(목표)를 안 하는 이유는 분명히 있다. 마케팅 방향이 잘못되어서다. 골프공은 본 대로가 아니라 친 대로 가게 되어 있다. 즉, 몸이 제대로 칠 수 있도록 훈련되어 있어야 하는 것이다. 이 책에서는 정확히 공을 치도록 원 포인트 레슨을 하는 골프 트레이너처럼, 마케팅 및 세일즈 현장의 가려운 부분을 긁어줄 해결책을 제시했다.

마케팅 팀장 시절, 우리나라 1등 기업인 S기업 부장들을 대상으로 마케팅 강의를 한 적이 있다. S기업에서 나에게 의뢰한 강의 주제는 '부장들이 정신 좀 차릴 수 있는 현장감 있는 내용'이었다. 의뢰를 받고 많은 생각을 했다. '왜 대한민국 1등 기업에서 이런 강의를 요청한 걸까?' 생각 끝에 내린 결론은 '혼자 잘난 척하는 상품'이었다. 그들은 본인들이 만든 상품은 우수하다는 성공의 덫에 걸려 있었다. 상품은 경쟁사보다 같거나 우수했다. 그런데 매출은 경쟁사보다 형편없었다.

나는 그 기업과 경쟁사와의 CF를 비교해봤다. 경쟁사에 질 수밖에 없는 이유가 몇 작품(CF)을 비교하지도 않았는데 분명하게 드러났다. 경쟁사의 CF는 고객 중심이었다. S기업은 대한민국 최고라며 자사 상품의 우수함을 집요하게 알렸다. 초등학생에게 알아먹지도 못하는 미적분을 가르치는 것처럼, 일반인들이 이해하기 어려운 CF를 방영한 것이다. 상대 기업은 일관성 있게 고객의 감성에 호소하는 CF를 내보냈다.

나는 적나라하게 두 회사의 CF를 비교해 설명했다. 원인은 무엇이고, 해결 방법은 어떻게 해야 하는지 구체적으로 제시했다. 나의 강의가 있은 지 6개월 후로 기억된다. S기업의 CF가 전면 교체되었고 매출도 상당히 향상되었다는 후문을 들었다.

한편, 몇 년 전 IT 스타트업 기업의 CEO가 한 달에 한 번씩 갖는 본인 회사의 조찬 모임에서 마케팅 관련 강의를 해달라고 나에게 의뢰했다. 주요 간부들 약 50여 명이 모인 조찬 강의였다. 온라인 마케팅을 어떻게 해야 하는지, 바로 성과를 내려면 고객을 어떤 방법으로 유인해야 하는지, 지속적으로 성장하기 위해서 즉시 해야 할 간부들의 역할은 어떤 것인지 등에 대해 이야기했다. 강의 후 회사 CEO는 매우 흡족해하며 고맙다고 인사했다. 조찬 모임이 끝나고 출근하는 나를 최고급 승용차로 회사까지 에스코트해주었다. 돌아오는 차 안에서 '경험과 내공을 더 쌓아 선한 영향력을 전파하는 마케팅 관련 책을 쓰면 좋겠다'라는 생각이 들었다.

수많은 기업들이 전문가를 초청해 강의를 듣는다. 기업들의 한결같은 키워드는 '미래'와 '극복'에 꽂혀 있다. 나도 관련 강의를 많이 들었다. 그러면서도 마음 한구석은 허전했다. 가려운 부분을 긁긴 긁었는데 개운하지 않은 그런 기분이랄까? 정확하게 가려운 부분을 긁어줄 수 있는 사람이 흔하지 않은 이유는 뭘까?

또한 웬만한 중견기업 및 대기업들은 컨설팅을 많이 받는다. 요즘같이 변화가 급격한 때는 더욱 그렇다. 특히 대기업일수록 어마어마한 비용을 치르면서 지명도 높은 세계적인 컨설팅사로부터 컨설팅을 받는다. 오히려 현직에 있는 실무 담당자가 컨설턴트들을 가르쳐야 하는 경우가 많다는 것을 많은 기획 담당자들이나 마케터들은 느꼈을 것이다.

나는 27년간의 직장생활 속에서 매출 부진에 허덕이는 점포에 활력을 주며 개선했던 일, 기를 살리는 프로그램을 개발해 침체된 조직문화를 개선시켰던 사례, 명절 선물 상품 수주를 위해 경쟁사와 피 튀는 싸움 끝에 당당히 승리한 마케팅 경험 등, 다양한 형태의 현장 사례 경험을 쌓았다.

이 책은 고객 접점 현장에서의 경험했던 살아 있는 사례들을 언급했다. 두루뭉술한 총론 차원의 스토리가 아닌, 가려운 곳을 제대로 긁어줄 수 있는, 세일즈 및 마케팅 현장의 디테일한 내용을 담으려 노력했다.

세상이 변화의 물결로 난리다. 인류 역사에 이러한 격변기가 있었을까? 모두들 변화에 적응하기 위해 분주하다. 유통의 흐름은 업태 자체를 흔들고 있다. 먹고사는 것은 변함없다. 유통은 생산자와 최종 소비자를 연결하는 매개 역할을 한다. 이 매개 기능이 급속하게 변화하고 있다. 현장영업을 하는 세일즈맨과 판매 매니저들은 긴장한다.

몇 년 후에 도래할 것 같은 미래 현상이 몇 달도 되지 않아 내 옆에 와 있다. 이제 디지털을 빼놓고는 이야기할 수 없는 시대가 되었다. 유통에 생계를 걸고 있는 모든 사람들은 디지털 시대를 대비하는 영업을 준비해야 한다.

영향력이 돈이 되는 시대다. '인플루언서'의 시대다. 1인 미디어를 통해 사람들에게 영향력을 끼친다. 영향력을 행사하는 분야는 사람이 살아가는 모든 분야다. 디지털 시대에는 '인플루언서'들이 입소문을 내는 '말 한마디' 역할을 한다.

우리는 오프라인상에서 수많은 고객들과 만나면서 소통의 중요성을 잘 알고 있다. 고객과의 말 한마디 대화에서 묻어나는 진실의 순간들을 소중하게 생각한다. 디지털화의 열풍이 불더라도 고객과의 소통의 본질이 달라지는 것은 아니다. 고객의 행복을 위해 노력하는 가치 지향점은 변함이 없다. 디지털 시대의 영업담당자는 '인플루언서'다. 오프라인에서의 활동이 온라인상으로 옮겨졌다고 생각하면 마음이 편하다. 온·오프라인의 상황이 어떻게 바뀌더라도 디지털은 수단이다. 모든 비즈니스 및 매출의 대박은 고객의 관점을 이해하는 당신의 진실된 말 한마디로부터 시작된다. 이 책은 생활현장에서 고객과 부대끼며 소통하는 모든 분들을 위한 내용이 가득하다. 부디 도움이 되길 기원한다.

이 책이 세상에 빛을 발하도록 허락해주신 하나님께 영광을 올린다. 책을 쓰는 동안 용기를 준 후배 송선호 님께 고마움을 전한다. 매일 건강한 루틴으로 인생의 멘토가 되어주시는 ㈜신세계센트럴시티 박주형 대표님께 존경과 감사를 드린다. 책을 편집해주신 출판사 두드림미디어 관계자 여러분들께도 감사의 인사를 전한다. 또한, 책을 쓰는 데 도움을 주신 '한책협'의 김태광 대표께 진심으로 감사드린다.

이 책을 쓰면서 가장 큰 힘이 되어준 사랑하는 아내 김수남 님께 지면을 통해 존경과 고마움의 마음을 전한다.

남윤용

4장. 매출이 10배로 오르는 마케팅 비법 노트

5장. 고객은 점점 더 똑똑해진다

1장.

왜 안 팔릴까?

마케터와 세일즈맨의
한결같은 고민

지난해 시작한 코로나19는 끝날 기미가 보이지 않고 있다. 2020년 연말에 더욱 심해지는 양상을 보이더니 2021년 현재까지 이어지고 있다. 영업에 심각한 타격을 받은 중소 상공인들과 자영업자들은 영업 금지, 영업 제한조치 부분에 대해서 어느 정도는 풀어달라고 거리로 나와 시위까지 하는 현상이 벌어지고 있다.

코로나19가 1년 이상 장기화하면서 소비자와 최접점에서 일하고 있는 나 같은 마케터와 세일즈맨에게는 정말 최악의 상황이다. 자영업자들은 임대료 부담을 덜기 위해 고용된 아르바이트를 내보내고 가족들이 매장에 나와서 지키는 일이 비일비재한 것이 되었다.

사람들이 많이 모일 수밖에 없는 쇼핑몰을 비롯한 콘택트 소비, 공연, 게임, 관광, 여행 등 문화 관련 레저 업종이 가장 큰 피해를 받고 있다. 특히 외국인 및 해외 여행 금지 조치로 면세점은 폐업 위기로 내몰리고 있다. 이와 관련된 업종들은 사상 초유의 역신장을 2020년에 기록했다. 전년 대비 역신장의 고민이 어느 때보다 커지고 있다. '비' 중에 가장 무서운 '비'는 '산성비'가 아닌 '전년비'다. 영업의 최전선에서 고군분투하고 있는 마케터와 세일즈맨들은 쥐구멍에라도 들어가고 싶은 심정일 것이다. 나는 들어갈 구멍도 못 찾고 있는 현장 리더다.

나는 직장생활 27년의 대부분을 마케팅 분야에서 근무했다. 영업 상황이 어려워지면서 매출이 부진할 때는 왠지 불안했다. 회사에 출근하면 본능적으로 전날 판매된 상품의 매출을 확인하기 위해 매출 속보 시스템을 본다. 매출이 부진할 경우 어김없이 경영진의 대책 마련 요구들이 이어진다. 마케팅 업무의 속성상 바로 대안을 마련하고, 현장 영업에 즉시 적용될 수 있는 프로모션을 제공해야 한다. 우왕좌왕 분주하기만 하다. 그래도 중심을 잡아야 한다. 마케팅이 상품과 고객을 연결하는 연결고리 역할을 하기 때문이다. DM, 매장 내 광고, 가격 할인 행사, 브랜드 테마 행사 등 고객에게 접근할 수 있는 별의별 수단을 다 써본다. 하지만 코로나 상황에서는 백약이 무효다.

답답한 마음에 고객의 소리 시스템에 들어가 본다. 이것은 고객들이 쇼핑하면서 겪었던 사례들을 고객이 직접 올려놓는 의견수렴 장치다. 고객이 무엇을 원하는지, 불편한지, 개선할 것은 무엇인지 등을 잘 알 수 있다.

"온라인에서 사지 않고 백화점에서 쇼핑하는 이유는 대접받으면서 사고 싶기 때문인데, 매장 사원이 너무 불친절하다. ○○ 사원을 조치해달라", "내가 내 돈 주고 사는데 명품 매장 사원들 눈치 보면서 사야 하나? 상품이 명품이지, 판매 사원이 명품이냐?" 등.

칭찬 사례가 있기를 기대하며 들어간 고객의 소리 시스템은 온통 컴플레인 글투성이다. 아우! 진퇴양난이다. '내가 왜 마케팅을 해서 이런 개고생을 하나? 어제저녁도 영업 전략서 쓰느라 야근하고 집에 가서는 눈도 제대로 못 붙이고 겨우 씻기만 하고 나왔는데' 죄 없는 직무 한탄으로 시작하는 하루가 많았다.

마케팅 구루들은 뭐라 이야기하는지 마케팅 서적을 뒤적여본다. '매장 현장에 답이 있다', '고객의 마음을 잡으라'는 이야기들이 대세다. 매장 현장을 나가 본다. "○○ 매니저, 어제 매출은 왜 안 좋은 겁니까?", "비가 많이 와서 고객이 안 나오셨어요" 맞다. 맞긴 한데, 그 소리가 듣고 싶은 것은 아니다. 그런 당연한 소리를 듣고 싶은 관리자는 단 한 명도 없다. 매장을 불편한 마음으로 돌아보는데 매장 사원들도 나로부터 무슨 질문을 받을까 봐 조심하는 눈치다. 무뚝뚝하거나 넋 놓은 얼굴들이다. '왜 표정들이 다 저렇지…' 우울한 마음을 뒤로하고 사무실로 돌아왔다.

곰곰이 생각했다. 매출이 부진할 때 매장을 순회하며 나는 어떤 표정을 하고 다녔을까? 매장 판매 사원들이 나를 슬금슬금 피했던 이유는 나에게서 느껴지는 분위기 때문이었으리라.

매출이 부진하면 해당 브랜드 판매 사원들의 마음이 가장 아프다. 본인들의 급여에 바로 영향을 받기 때문이다. 그런데 나는 브랜드 사원에게 질책하는 시각으로 접근했으니 피하는 것이 당연한 노릇이다.

이러한 나의 행동들이 전이되어 판매에도 영향을 주었을 것이다.

잠시 후 관리팀에서 전화가 왔다. 불길하다.

아니나 다를까. 마케팅 비용 축소를 요청하는 전화였다. '전쟁터에서 총알 없이 싸우라고?'

'마케팅의 마 자도 모르는 사람들 같으니라고' 왜 그런 요청을 하는지는 이해가 된다. 회사 손익 차질이 예상되니 당장 급하지 않은 마케팅 비용을 축소해달라는 요청이다.

밤을 새우면서 쓴 마케팅 프로모션 계획을 일부 취소해야 할 상황이다. 고객 초청행사, 신문 및 전단 광고, 온라인 광고, 상품권 행사 등 고객에게 접근되는 필수적인 활동이기 때문에 거부한다고 피드백을 했다. 관리팀에서는 손익을 달성하지 못해 연말에 회사 평가를 못 받으면 책임질 거냐고 계속해서 압박해왔다.

결국, 마케팅 계획의 여러 부분을 축소 집행했다. 매출도 지속해서 부진해 회사 평가도 좋지 않았다. '마케팅 팀장으로서 어떻게 해야 할까? 매출 부진을 극복하고 회사 평가도 잘 받을 방법은 무엇일까?' 깊은 고민에 빠졌다.

사람이 피가 흐르지 않으면 죽는 것처럼, 매출이 흐르지 않는 회사는 망한다. 마케팅 및 영업은 회사의 최첨병이다. 동시에 최후의 마지노선이다. 나는 매일 마케팅 현장에서 시행착오를 겪으며 마케터로 성장했으며, 점포들을 상권 내 1등으로 만들어왔다.

점포에서 마케팅 팀장으로 근무할 당시, 매출이 부진했던 브랜드들을 여러 번 전국 1등 브랜드로 만들었다. 특히 경쟁사 대비 실적이 저조해 난관에 빠졌던 외국계 화장품 ○○브랜드가 생각난다. 그 브랜드는 L사 및 H사에 계속 밀리고 있었다. 나는 새해가 시작되는 1월에 브랜드 담당자, 영업팀장, 바이어와 미팅을 소집했다.

"5월까지 이 브랜드를 전국 1등으로 만들어드리겠습니다." 모두 좋다고 손뼉을 쳤다. 그러나 내심 '무슨 수로 1등을 만들겠나?'라는 미심쩍은 표정들이었다.

"우리만의 화장품 샘플을 1만 개 준비해주시고, DM에 샘플을 넣어 보내겠습니다."

"상권 내 타깃 고객들의 연관 구매 분석을 통해 비구매 고객에게 초청 메일을 보냅니다."

"무엇보다 중요한 것은 사원들의 상품 지식 및 구매 성공률 100%를 위한 멘트 훈련입니다."

"일주일 단위로 판매 진도율을 체크하고 시행착오 부문을 수정해서 즉시 반영하겠습니다."

이런 식으로 액션 플랜을 수립해 '브랜드 살리기 100일 프로젝트'를 진행했다. 진행되는 과정에서 매출이 향상되는 것을 브랜드 판매 사원들은 실감할 수 있었다. 별도의 조직 활성화는 필요 없었다. 매출을 폭발적으로 성장시키는 그 자체가 팀워크가 좋아지는 조직 활성화였다. 월 매출 2억 원 하던 브랜드가 약속대로 5월에 5.8억 원으로 전국 1등을 했다. 그해 여름, 브랜드 사원들은 전원 해외 포상 휴가를 획득했다. 마케터로서 보람이 있었다. 나는 시상금 300만 원을 받는 기분 좋은 경험을 했다.

이런 경험을 하면서 깨달은 것은 리더는 모든 부분에서 전략적이어야 한다는 것이다. 마케터는 영업현장의 리더다. 상품을 판매하는 테크닉을 연구하는 것도 필요하다. 타깃 고객을 아는 것도 중요하다. 상품의 특징을 정확하게 숙지하고 어떤 방법으로 판매할지 계획을 세우는 것도 중요하다. 하지만 그 무엇보다도 가장 중요한 것은 영업현장의 리더로서의 태도다. 이 상품을 매출로 성공시킬 수 있다는 자신감 있는 태도를 갖고 액션 플랜을 실천할 때 매출은 자연히 오르게 된다.

이제 고민하지 말고 생각하자. 어떤 상황에서도 판매할 수 있다는 긍정적인 생각으로….

02

미쳤다는 이야기를 들어야
팔 수 있다

코로나19 이후 모든 일상이 바뀌었고 사람들은 서서히 적응해가고 있다. 어떠한 일이 벌어져도 소비는 이루어지고 삶은 계속되기 마련이다. 코로나가 어느 정도 삶의 변화를 급격하게 바꾼 부분은 있지만, 사실상 현재의 변화들은 예전부터 서서히 진행되어왔다.

오프라인 리테일 쪽에서 회사생활을 하는 나는 이러한 변화가 반가운 것만은 아니었다. '트렌드 변화를 빨리 감지하며 고객을 리딩해야 한다'는 압박감을 받고 있었기 때문이다. 이런 부담감은 현장 영업활동에 시행착오를 가져올 수 있다. 점포 마케팅 팀장을 하던 때의 경험을 소개하려 한다.

대부분의 리테일 회사들은 연간 경영전략에 의해 매월 영업전략을 수립해 실행한다. 실행 계획에는 '상권 및 고객 접근을 어떻게 할 것인가?'가 매우 중요한 키워드다. 대형 리테일 회사의 특성상 많은 고객에게 접근하고자 대중 광고 및 프로모션을 한다. 2010년대 초반까지도 이런 현상이 주류였다. 영업 전략 수립을 위한 간부 회의 때의 일이다.

"고객의 흐름이 빠르게 변화되고 있습니다. 대중 광고보다는 타깃 고객에게 맞는 광고 계획과 마케팅 비용 집행이 필요합니다." 마케팅 팀장이 말했다.

"맞습니다. 남 팀장 의견이 일리가 있네요."

"어떻게 할 건가요?" 임원이 물었다.

"예, 대중 광고 전단을 폐지하겠습니다. 전단 예산을 타깃 고객에 소구하는 DM으로 시프트 하겠습니다. 앞으로는 DM도 온라인 마케팅 쪽으로 이동할 예정입니다."

그 당시로선 획기적인 발언이었다.

"안됩니다. 경쟁사는 대중 광고를 더 늘리고 있습니다. 현장을 모르고 하는 소리입니다." 고참 영업팀장이 반대했다.

"매장에 전단이 비치되어 있지 않으면 판매 사원들이 불편합니다. 고객들도 불편하고요." 다른 영업팀장이 거들면서 반대했다.

"난감하군. 남 팀장 의견도 일리가 있긴 한데, 너무 빠르다는 느낌이 드네. 원래 경영전략 수립된 대로 진행합시다." 총괄 임원이 의견을 냈다.

'헷갈릴 때는 계급이 답이다. 상사의 말에 따르자.' 워낙 치열하게 매출 확보 전쟁을 치르던 때라 내 의견을 접고 순응하기로 했다.

'내 말이 맞는데 뭐가 잘못된 걸까? 답답하네! 사람들이 트렌드도 모르고…' 그날 팀원들과 폭음을 했다.

같이 일하는 동료들도 나의 내부 고객이다. 설득이 부족했다. 사전에 영업팀장들과 교감하고 공감을 얻었어야 했다. 아무리 트렌드에 맞는 이야기였더라도 그들에게는 습관적으로 당연하게 진행해왔던 일이었다. '이번에는 실패했지만, 다시 설득해서 관철시키자'라며 반대한 사람들에 대한 원망보다는 나의 공감 능력을 돌아보는 계기가 되었다.

그 후 나는 지속해서 사내 이해 관계자들과 소통했다. 해당 임원들과도 공감하며 커뮤니케이션을 했다. 효과적이면서도 효율적인 마케팅 비용 지출에 대한 대안도 제시했다. 결국, 회사는 2011년 1월부터 유통업계 최초로 광고 전단을 폐지하게 되었다. 얼마 되지 않아 경쟁사도 우리 회사를 벤치마킹해 전단을 폐지했다.

이제는 뭐 하나에 꽂히면 집요하게 그 분야를 파야 성공할 수 있는 세상이 되었다. 과거의 상식과 습관에 얽매여 우물쭈물하다가는 낭패를 볼 수 있다. 시장과 고객의 행동에 민감해야 하는 마케터나 세일즈맨은 자신의 존재 자체를 더욱더 위협받을 수 있다.

"미쳐야 한다. 제대로 미쳐야 한다." 국어사전에서 '미치다'를 찾아보았다.

미치다[동사] : '정신에 이상이 생겨 말과 행동이 보통 사람과 다르게 되다.' [유의어]로는 '골몰하다. 몰두하다', '어떤 일에 온 정신을 다 기울여 열중하다. 다른 생각을 할 여유도 없이 한 가지 일에만 파묻힌다'가 있다.

맞다. 예나 지금이나 온 정신을 초집중하는 사람은 크든, 작든 세상의 변화에 영향을 끼친다. '헨리 포드(Henry Ford)'가 처음 자동차를 만들려고 했을 때, 모두 그를 미친 사람 취급했다. 그리고 모두가 자동차의 효율성과 경제성에 의문을 품고 있을 때, 한 사람만이 주유소를 운영하기 시작했다. 그 사람이 세계 최고의 부자라 불리는 '석유왕 록펠러(John Davison Rockefeller)'였다. 두 사람 모두 그 당시 미친 사람 취급을 받았다.

열정은 있었으나 꼼꼼하게 살피지 않아서 상당히 중요한 테마 행사를 실수한 적이 있다. 유통업체에게는 8월이 일 년 중에 가장 매출이 좋지 않은 달이기에 매출도 극복하고 고객들에게 의미 있는 볼거리를 제공하기 위해 점포 정문 광장에 독도 모양의 작은 공원을 만들기로 했다. 다양한 공연과 8·15 광복절 축하 상품들도 기획했다.

그런데 이벤트 프로모션이 문제가 되었다. 정문 앞 광장에 설치하기로 했던 업체가 행사 나흘 전에 못하겠다고 뒤로 나자빠졌다. 나는 자초지종을 묻지도 않고 "무조건 설치해야 합니다"라며 상당한 압박을 했다. 설치 업체는 "알겠습니다"라며 물러섰다.

행사 전날 오후 설치 상황을 점검하기 위해 현장에 가보았다. 불안했다. '어떻게 되겠지'라며 속으로 체념하듯 말하고 실무자에게 뒷정리를 맡기고 퇴근을 했다. 그런데 결국 사달이 났다. 저녁 11시에 담당 후배로부터 전화가 왔다. "과장님 업체가 도망갔습니다." '아뿔싸, 어쩐지 불길하더니 대형사고가 터졌네.' 결국, 독도 광장은 철거되었고 이벤트 행사는 취소되는 사태를 겪었다.

이벤트 기획을 처음부터 꼼꼼하게 점검하지 않고 열정만 앞세웠던 나의 실수였다. 어설픈 열정이 일을 그르친 것이다.

직장생활 27년을 하는 동안에 보람 있었던 일 중 하나는 강남에 있는 S백화점을 전국 M/S 1등 점포로 만든 일이다. 모든 마케팅 활동을 초집중한 상권 개척과 고객 접근의 시스템화가 주효했다. 그 결과, 몇 년 전 1조 3,000억 원이었던 S백화점의 연 매출은 급상승해 2019년부터 2조 원대를 기록하고 있다. 성장의 핵심은 명품이다. S백화점의 명품 매출은 백화점 평균 매출 비중의 네 배를 뛰어넘는다. 젊은 고객들의 관심이 높아지면서 20~30대 명품 매출은 전년보다 40% 급증했다.

S백화점은 한국을 찾는 해외 명품 브랜드 최고 경영자들이 아시아의 명품 고객 트렌드를 알아보기 위해 필수로 방문하는 곳이기도 하다. 명품에 관심이 높은 신규 젊은 고객을 끌어와야 하는 명품 브랜드들로서는 S백화점이 자신들의 '프리미엄 이미지'를 유지하면서도 구매 잠재력이 큰 고객들과 만날 수 있는 최적의 장소이기 때문이다. 이는 소비 트렌드를 정확히 읽어내는 초집중 마케팅의 결과라 볼 수 있다. 20~30대 명품 고객에 대한 접근이 주효한 것으로 나타났다.

김난도 서울대 교수의 《트렌드코리아 2021》을 보면 자본주의 키즈의 태도에 대해 언급한 부분이 나온다.

이들은 노골적인 '돈부림'에 대해 교양이 없다거나 사치와 낭비라고 일축하지 않고 "그럴 자격이 있다"고 인정한다. 사고 싶은 것을 살 수 있는 사람의 소비는 자본주의의 섭리라 여기며, 오히려 자신도 그렇게 되고 싶다는 부러움을 숨기지 않는다. 이처럼 자본주의 키즈는 시장 경제를 움직이는 원동력인 소비를 향한 욕망에도 솔직하다. 이제 무언가를 소비하기에 아직 어린 나이란 더 이상 존재하지 않는다.

S백화점이 트렌드를 분석 후 선제적으로 젊은 고객을 공략해 40%의 매출 신장을 이뤘다는 점에서 김난도 교수의 글은 의미 있다고 판단된다. 이처럼 2020년대를 살아가는 모든 마케터와 세일즈맨에게는 신속한 상황 파악과 빠른 실행력이 요구된다. 우리는 세상을 보는 이색적인 눈을 가져야 한다. 남과 다르게 생각해야 한다. 세상은 급변하고 있다. 디지털 노마드가 되어야 한다. 그러려면 자기가 하는 일에 미쳐야 한다. 매장에서 고객을 상대로 상품을 판매하는 사원이라면 더욱 그렇다. 고객의 라이프 스타일과 판매하는 상품의 어울림에 대해서도 많은 공부를 해야 한다.

내가 하는 일에 미쳐야 한다. 고객에게 미쳐야 한다. 그래야 팔린다.

팔려고 하지 않으니까
안 팔린다

'팔아야 생존한다.' 수도 없이 많이 들었던 말이다. 기업을 운영하든, 자영업을 하든 팔아야 생존한다. 돈을 버는 것이 기업의 존재 이유다. 매출을 발생시켜야 한다. 돈이라는 피가 돌아야 한다. 이것이 돌지 않거나 한쪽으로 쏠리면 문제가 된다. 자금이 돌지 않는 돈맥경화 현상이 나타나 빨리 해결하지 않으면 망한다.

판매는 기업이나 자영업의 가장 기본적인 영업 행위다. 판매는 고객이 선택하고 가격을 지불하는 가장 마지막 단계다. 기분 좋게 판매된 상품은 고객의 행복을 배가시킨다. 누구나 다 아는 기본적인 이야기다.

마케팅 팀장으로 근무하다가 점포의 영업팀장으로 근무한 적이 있었다. 리테일 회사의 마케팅 업무는 고객의 구매 행동을 분석해 광고, 상품 프로모션 등을 수행하는 업무를 주로 한다. 영업팀 업무는 특정 상품군을 담당해 매장 현장에서 일한다. 마케팅 및 기획 업무만 하다가 고객과 직접 대면할 기회였다. 상당히 의미가 있고 재미있었다.

일화 하나를 소개하겠다. 어느 남성 단골 고객이 매우 중요한 행사에서 입을 와이셔츠를 맞춤으로 주문했다. 맞춤 셔츠를 입는 사람들은 대부분 멋쟁이다. 몸에 맞게 세련되게 옷을 입기 때문이다. 그 단골 고객은 체촌(몸치수 재기)을 하고 상품을 찾아갈 날을 예약한 후, 조용히 나를 불렀다.

"남 팀장님, K사원은 교육을 시키든지, 다른 곳으로 보내든지 하셔야 할 것 같습니다." 나는 다소 당황했다. K사원이 체촌하면서 그분의 사생활을 캐묻고 엄청 친근한 척하면서 상품에 대해 아는 척을 듣기 거북할 정도로 했다는 것이다. 그분은 사회적으로 상당히 알려져 있는 분이었다. 마케팅 업무를 하면서 느끼지 못했던 생생한 고객의 소리를 들었다.

영업팀장으로 온 지 얼마 안 되어 겪었던 민망한 순간이었다. 나는 정중하게 사과했다. 그분은 오히려 나를 위로하면서 "세상만사 다 내 마음 같지 않습니다"라며 몇 가지 내가 참고할 만한 고객 서비스 관련 책들을 소개시켜주고 가셨다. K사원은 친근하게 고객을 응대하려고 한 행동이었으나 영업 마인드는 없었다.

이 일이 있고 난 뒤, 나는 그분이 소개시켜준 고객 서비스 관련 책들을 읽었다. 읽은 내용을 몇몇 베테랑 브랜드 매니저들과 함께 교재로 만들어 매장에 배포하고 교육을 했다. 그 단골 고객의 말씀은 고객 응대 접점 서비스를 재점검하는 계기가 되었다.

주변의 오지랖이 넓은 지인 한두 명 때문에 생기는 피곤한 일들이 있을 것이다. 인생을 살면서 누구나 한두 번쯤은 겪는 일이다. 걱정하지 마라. 이런 것이 인생살이다.

단골 고객들은 기쁜 일이나 속상한 일을 단골 매장에 와서 하소연하며 스트레스를 풀기도 한다. 남편 흉을 보면서 스트레스를 푸는 단골 고객에게는 "예, 속상하셨겠어요"라고만 하면 된다. "남편분이 참 못되었네요. 저도 화가 나네요. 오늘 집에 가셔서 이렇게 하세요"라고 오지랖 넓게 훈수를 두면 안 된다. 말은 쉽지만, 막상 고객과 대화할 때는 좀처럼 적정선을 유지하기가 쉽지 않다. 단골 고객일 때는 더욱 그렇다. 인간적으로 친해졌다고 생각하기 때문이다.

판매현장에서는 고객의 심리에 따라 밀고 당기기를 잘해야 한다. 명심해야 할 것은 밀고 당기기를 할 때도 진심으로 고객을 대해야 한다는 것이다. 진심이 담겨 있지 않은 멘트는 고객이 먼저 안다. 육감과 눈치가 있기 때문이다.

최근에는 기후 변화로 봄가을이 짧아지는 경향이 있다. 하지만 아직 우리나라는 사계절이 뚜렷하다. 여름이 끝날 것 같지 않은 무더위가 있더라도 그새 잎이 떨어진다. 모든 세상이 얼어붙을 것 같은 추위도 언제 그랬냐는 듯 개구리 울음소리가 들린다. 마케팅과 세일즈를 하는 사람들은 관례대로 계절에 맞는 프로모션을 한다. 머리를 쓴다기보다는 계절이 시키는 대로 하는 것이다.

영업팀장을 하면서 관성대로 프로모션을 했다가 낭패를 본 경험이 있다. 보통 3월과 9월에 봄 상품과 가을 상품 행사를 한다. '맨즈위크(Men's Week)'라는 타이틀로 백화점 이벤트홀 매장에서 대대적으로 진행했다. 대한민국에서 내로라하는 유명 브랜드들의 총집합 행사였다. 어김없이 돌아오는 연례행사였기 때문에 큰 부담 없이 준비했다. 결과는 참패였다.

경쟁사에서는 브랜드별로 잘 판매되는 사이즈와 가성비 있는 가격으로 상품을 준비해 고객들에게 제공했다. 고객들은 귀신같이 알고 경쟁사 행사로 몰려갔다. 상품본부 고위 임원으로부터 심각하게 질책을 받았다. "남 팀장! 마케팅 출신이어서 잘할 줄 알았는데 실망이 크네. 어떻게 준비를 했길래 이 모양인가?" 회사 브랜드만 믿고 철저하게 준비하지 못했던 나의 잘못이었다. 고객을 좀 더 디테일하게 연구했어야 했다. 누구한테 하소연할 상황도 아니었다. '이런 실수를 반복하지 않으리라' 다짐했다.

매년 돌아오는 같은 시즌이라 할지라도 고객의 흐름은 매우 다를 수 있다. 고객이 올 것이라고 함부로 단정 짓지 않아야 한다. 고객의 마인드는 달과 같다. 달의 모양이 볼 때마다 달라지는 것처럼, 고객의 구매 마인드도 시시각각 달라질 수 있다. 치밀하게 준비하는 한 끗 차이가 고객의 변화하는 구매 마인드를 붙잡을 수 있다. 1%를 더 준비하는 정성이 성공과 실패를 좌우한다.

이런 실패를 경험한 나는 매출을 만회하기 위해 여러 방법을 시도했다.

첫 번째, 남성 브랜드 회사의 영업 및 마케팅 임원들을 만나기로 마음먹었다. 일반적으로는 협력회사 임원들이 나를 만나러 방문하는 것이 관례지만, 나는 관례를 깨고 찾아갔다. 그들은 나를 반겨 맞아주었다. "저희가 뵈러 가야 하는데 찾아주시니 너무 고맙습니다." '갑'의 위치가 아닌 진심으로 배우려는 마음으로 찾아갔다. 나의 진정성 있는 태도를 모두 반기는 분위기였다. 상품 협조 요청을 부탁하는 미팅은 원활하게 진행되었다.

두 번째, 매장 분위기를 확 바꿨다. 고객들이 방문했을 때 신선하게 느낄 수 있도록 기존의 매장 디스플레이를 시즌에 맞게 전면적으로 교체했다. 상품도 테마에 맞도록 광고 카피를 모두 바꿨다. 브랜드별로 시그니처 상품을 구성해 고객에게 특별 DM을 발송했다.

세 번째, 판매 사원들과 미팅을 하면서 브랜드별로 애로사항을 청취했다. 개선이 필요한 사항을 갈래별로 분류해 조치했다. "물량을 많이 확보하고 싶은데 창고가 부족합니다", "경쟁사보다 고객이 구매했을 때 증정하는 사은 상품권 행사가 약합니다" 등, 요구사항을 최대한 반영하기로 약속했다.

네 번째, 마케팅팀과 영업팀 공동으로 '맨즈위크(Men's Week) 살리기' 임시 프로젝트를 가동했다. 매장 디스플레이, 인스토어 프로모션, 온라인 광고, 남성 단독 DM, 연관 구매분석 등을 진행했다. 결과는 대만족이었다. 전 점포 남성팀 매출 달성률 중 1등을 하는 결과를 이뤄냈다. 회사로부터 거액의 시상금을 받았다. 받은 시상금은 그동안 고생한 협력회사 브랜드 사원들을 위해 사용했다. '진인사대천명(盡人事待天命)'이었다. 최고의 기분이었다.

기존에 해오던 영업방식을 완전히 바꿀 필요가 있다는 것을 깨달았다. 관행대로 진행되는 '감'에 의한 영업은 고객의 외면을 받는다. 고객은 귀신같이 안다. 이제는 가격 메리트만으로는 어렵다. 상품은 흘러넘친다. 고객이 가치를 느껴야 산다. 고객마다 느끼는 가치는 모두 다르다. 고객이 살 만한 상품을 팔아야 한다는 이야기다. 사는 것은 고객 마음이다. 마음을 움직이게 하는 것이 실력이다.

습관적으로 진행하는 마케팅 및 세일즈는 팔려고 하지 않는 것이다. 지속해서 탐구하라.

인맥만 의존하니까
안 팔린다

당신은 얼마나 많은 사람들과 알고 지내고 있는가. 휴대전화에 저장된 사람이 얼마나 될까? 저장된 이름들을 '혈연', '학연', '지연','ㅇㅇ연'으로 분류해본 적이 있는가?

인간은 태어나면서부터 누군가와 관계를 맺는다. 처음은 '혈연'으로 시작한다. 인간은 다른 동물과 다르게 누군가의 도움을 받아야 생존할 수 있다. 아기들은 수천 번을 넘어지고 선다. 부모들은 감탄과 기쁨으로 아기의 기를 세워준다. 아이가 서거나 말을 배우기 시작할 때 절대 혼내지 않는다. 감탄하고 감동할 뿐이다. '인간은 감탄과 격려를 먹고 사는 동물'이라고 누군가 이야기했다.

아이가 어린이집에 갈 나이가 되면 '학연'이 시작된다. 이때부터는 친구들과 싸우기도 하고 엄마의 잔소리(?)에 짜증을 내기도 한다. 초등학교에 들어가면서 좁은 의미의 '지연'이 시작된다. "너희 아파트 어디야?", "몇 동에 살아?" 아이들은 가만히 있는데 부모들의 편 가르기(?)가 시작되기도 한다. 아이들도 자연스레 그들만의 모둠이 형성된다.

이렇게 인맥이 형성되기 시작된다고 말하는 것은 억지일까? 독자들이 알아서 판단하시리라. 어느 나라나 마찬가지로 '혈연', '학연', '지연'은 자연스럽게 형성되기 마련이다. 우리 사회는 겉으로는 이런 각종 '연'을 부정하는 분위기이지만, 속으로는 '필요함'을 느끼고 있지는 않을까? 특히 비즈니스 분야에서는 정도의 차이는 있지만, 엄연히 존재하는 것이 사실이다.

내가 근무하는 유통회사는 각종 '인연'으로 상품 입점 문의를 하시는 분들이 꽤 있다. 회사에는 홈페이지에 공식적으로 '상품 입점 문의' 채널을 만들어 운영 중이다. 많이 줄어들기는 했지만, 아직도 여전히 사적으로 연락을 받기도 한다. 정중하게 회사의 공식 채널을 알려드린다. 이런 부분에서는 회사에서 매우 윤리적으로 대처하기 때문에 직원들 입장에서는 신경 쓰지 않고 편하게 근무할 수 있어 좋았다.

연세가 좀 있으신 어떤 분께 전화가 왔다. "전해 들으셨죠? 나 ○○의 친구인데, 문의드릴 사항이 있어서요." 나의 회사 대선배의 친구라면서 비즈니스 미팅을 요청하는 것이었다. 난감했다. "아! 예. 공식적으로 홈페이지에서…." 그분은 '선수끼리 왜 이래'라는 분위기로 나를 압박했다. 통화 후 나는 대선배님께 사실대로 전화를 드렸다. 선배님 말씀이 "그 친구, 내 고등학교 동기인데 이것저것 하다가 여의치 않은 모양인가 봐! 그 친구 때문에 나도 좀 피곤하네." 웬만해선 이렇게 말씀하실 분이 아니었다. "남 팀장, 회사에 누가 되면 안 되네. 정당한 절차에 의해서 상담을 하시게"라며 오히려 격려의 말씀을 주셨다.

나는 그 지인에게 전화했다. 미팅 날짜를 약속했다. 나는 지혜롭게 이 일을 마무리하고자 마음먹었다. 미팅하면서 '아이템'에 대해 충분히 경청했다. 그 '아이템'은 고객의 관심이 없는 상품이었다. 상담하는 내내 그분은 무조건 입점시켜달라는 투로 이야기했다. "고객이 선택하기에는 애로사항이 있는 상품입니다"라고 명확하게 말했다. 그분에게 잘 팔리는 상품에 대한 컨설팅을 해주고, 최근의 고객 트렌드에 대해서도 기분 나쁘지 않게 설명했다. 그제야 그분은 미안하다며 "내가 몰라도 너무 몰랐습니다", "과연 유통 전문 기업은 뭐가 달라도 다르군요"라고 말하며 겸연쩍어했다. '이분은 상품에 대한 전문지식 없이 인맥에만 의존하시는 분이구나' 하는 안타까운 마음이 들었다.

백화점, 할인점, 쇼핑몰, 편의점 등 우리나라 유통 시장은 수천 개의 협력회사가 얽혀 있는 구조다. 특정 임원의 말 한마디로 통하는 그런 시대는 지나갔다. 모든 이해관계자들이 납득할 수 있는 프로세스를 밟아 일이 진행되어야 한다. 어설프게 인맥을 이용해 들어가려고 시도하다가는 사업의 진정성마저 외면당할 수 있기에 조심해야 한다.

거의 대부분의 유통회사들은 상품 및 협력회사를 선택하는 기준이 있다. 첫 번째, '고객에게 가치를 줄 수 있는가?' 두 번째, '회사의 이익이 되겠는가?' 세 번째, '협력회사가 도덕적으로 결함이 없는가?'이다.

유통회사들은 큰 회사나 작은 회사 상관없이 설날과 추석과 같은 명절 행사가 큰 대목이다. 회사에서는 젊은 주니어 사원들을 중심으로 편성한 태스크포스팀(Task Force Team, TF팀)을 임시로 운영한다. 나도 주임 때 경험했다. 회사에서 특수한 목표를 갖고 조직하는 TF팀은 세일즈 세계에서는 '완전히 맨땅에 헤딩'하는 조직이다.

나는 TF팀의 일원으로 추석 행사에 투입되었다. 목표는 100억 원! 처음 발령받고 배치받았을 때는 막막했다. 100억 원을 어떻게 하나? 전년도에 구매했던 고객 회사의 리스트를 확보했다. 리스트를 바탕으로 지역별, 금액별, 업종별로 다시 세부 분석을 했다. 목표 매출 100억 원에는 턱없이 부족했다. '어떻게 하지?', '진짜 맨땅에 헤딩하는 일이네' 한숨부터 나왔다.

고민을 하다가 몇몇 지인들이 운영하는 회사들이 생각났다. "선배님, ○○학번 남윤용입니다. 추석 선물 필요하시면 저에게 연락 부탁드립니다." 안부를 묻는 전화로 시작했지만, 추석 선물을 구매해달라는 전화였다. 자주 연락도 안 하다가 나의 필요로 전화를 한 것이다. 예상은 했지만, 전화를 받은 선배들은 "어! 오랜만이네. 이미 구매했네. 다음에는 빨리 연락해." 반갑게 맞아주었지만, 결과는 대부분 거절의 표시였다.

추석은 점점 다가오는데 매출은 오르지 않고 전화하는 지인마다 거절당하는 경우가 태반이었다. '아! 내 인맥이 이 정도밖에 안 되나.' 그때 옆에서 이 상황을 지켜보던 회사 선배가 한마디했다. "남 주임, 아는 사람에게 연락하고 부탁하는 것은 한계가 있어. 인맥에 의존하지 말고 직접 발로 뛰어야 해. 상품에 자신감을 갖고 당당하게 고객들에게 제안해야 해."

나는 머리로는 다 알고 있었지만, 행동하지 못했다. 전년도 실적 분석은 다 해놓고 실제 행동은 아는 지인들에게만 연락했던 것이다. 그때부터 정신 차리고 다시 시작했다. 그렇게 목표한 100억 원을 가까스로 채웠다. 영업을 모르던 나에게 TF팀 경험은 상품을 어떻게 팔아야 하는지 깨닫게 하는 소중한 경험이었다.

인맥은 중요하다. 그러나 최우선시되는 것은 아니다. 내가 깨달았던 주임 시절의 교훈은 이후 회사생활에 큰 도움이 되었다. 회사나 사회생활을 할 때 성공하고 싶다면, 평소에 관심을 갖고 진심으로 연락하고 소통하자. 내가 먼저 인맥이 되는 것도 필요하다. 아무런 대가 없이 나를 도와주면 얼마나 좋을까? 하지만 그런 사람은 거의 없다.

회사에서 인천 지역에 신규 점포 출점을 기획했을 때의 일을 소개하려 한다. 복합 쇼핑몰이나 백화점 등 대규모 상업 시설은 입점하는 콘텐츠가 매우 중요하다. 고객 트렌드, 상품 트렌드, 경기 변화 예측 등을 모두 감안해 기획하고 실행하는 종합 예술이다. 입점한 상품 등 콘텐츠들은 종합 예술의 표현이다.

인천에 백화점 출점을 기획할 당시, 그 지역은 허허벌판이었다. 상권이 형성되지 않을 것 같은 그런 곳이었다. 상품군별로 층별 배치 계획이 마무리되고, 세부 입점할 콘텐츠를 구성할 때였다. 고객의 생활 편의를 위해 병원 시설이 들어와야 했다. 신도시가 조성되어 신규 아파트가 많이 들어올 곳이라 병원 입점이 순조로울 줄 알았다. 하지만 예상은 빗나갔다. 입점 광고를 냈음에도 불구하고 시장 반응은 싸늘했다.

나는 서울 강남에서 치과를 하는 지인에게 전화했다. "회사에서 인천에 소아치과가 필요한데 입점하면 3년 이내에 성공할 수 있는 곳이야. 입점하면 대박일 거야."

그 친구는 "내가 가보고 판단해도 될까? 현장을 답사한 후 전화해줄게"라고 말했다.

나는 당연히 수락할 줄 알았다. 하지만 현장을 본 친구는 "지금 아무것도 없는 허허벌판이야. 나는 입점 안 할래"라고 말했다. "할 수 없지 뭐."

그 지인에게 나는 좋은 인맥으로 미래를 보고 제안했고, 그 친구는 상권을 보는 안목이 없었다. 3년 후 대박이 터졌다. 배후로 신규 아파트가 들어서고 소아치과는 문전성시를 이루었다. 그 친구는 나중에 "너 같은 상권 전문가의 말을 듣지 못한 것이 후회된다. 그때 좀 더 강력하게 이야기 좀 해주지"라며 아쉬워했다.

그렇다. 인맥은 매우 중요하다. 인생은 관계의 연속이다. 인간은 태어나면서부터 혼자 살아갈 수 없는 존재로 태어났다. 혼자 살아가기엔 헤쳐나가야 할 난관이 너무 많다. 너무 바쁜 시대를 살아가는 우리는 '여유'가 없다. 그렇게 '여유' 없는 일상 속에서 놓치는 것이 있다. '사람'이다. 진심 어린 투자에 '사람'을 챙길 수 있다.

지금 내 주변에 어떤 지인들이 있을까? 나는 어떤 사람들과 관계하고 있는가? 나의 실력을 키우는 것이 우선이다. 그것을 바탕으로 네트워킹되어야 한다. 선한 영향력을 서로 끼칠 수 있는 사이가 되어야 한다. 혼자였다면 상상도 하지 못할 것을 옆에 있는 사람들 덕분에 이룰 수도 있다.

인맥에만 의존하면 당신의 사업은 미래가 없다. 인맥은 성공의 양념이다. 실력이 우선이다.

05

'열심히'만 하지 말고
목표 설정부터 제대로 하자

어떤 일이든지 마찬가지겠지만, 고객을 상대로 하는 곳은 특히 스트레스가 많다. 사람과 사람의 관계 속에서 성과를 내어야 하기 때문이다. 열심히 한다. 성실히 한다. 묵묵히 한다. 이런 단어들이 몸에 배어 있다. 직접 고객과 대면해 판매하는 유통회사들은 '성실'이라는 단어를 가장 핵심으로 생각한다.

예전에 회사 CEO를 하셨던 분의 말씀이 생각난다. "우리 회사는 로켓을 만드는 곳이 아닙니다. 우리는 고객을 직접 상대하는 곳이므로 '근면, 성실'이 가장 기본입니다. 열심히 합시다." 맞는 말이다. 누가 이 말을 부정하랴! 어떻게 열심히 하느냐가 중요한 것이다.

마케팅 부서는 회사 내에서도 야근이 많은 부서다. 내가 팀장 때의 일이다. P과장은 늘 바빠 거의 매일 야근을 한다. 현장 담당자들과 항상 통화를 하고 있다. 진짜 열심히 해서 옆에서 보기에 안쓰러울 정도였다. 물론 이해가 되기도 한다. 광고, 프로모션, 이벤트 등 분야별로 워낙 리얼타임으로 해야 할 일이 많기 때문이다. 마케팅 부서는 잘나가는 곳이긴 한데, 젊은 사원들 사이에는 기피부서로 소문이 나 있었다.

P과장을 불렀다. "요즘 많이 바쁘지? 어제도 야근했나? 내가 도와줄 것은 뭐 없나?"

"없습니다. 열심히 하고 있습니다. 팀장님, 걱정하지 않으셔도 됩니다."

미심쩍다. 나는 업무를 체크하며 물었다. "다다음달 프로모션 계획은 다 되었나?" P과장은 "아! 예, 어제 점포와 통화 하느라고 아직 덜 했습니다. 조금만 기다려주십시오"라고 답했다.

'이번 주까지는 끝내야 하는데 걱정된다. P과장의 기를 죽일 수도 없고.' P과장은 업무의 많은 시간을 전화 통화로 보냈다. 업무 코칭이 필요한 시점이다. 나는 팀원들과 한정된 업무시간에 야근하지 않고 스마트하게 일을 끝내는 방법에 대해 소통하기로 마음먹었다. 다음 날 P과장을 포함한 팀원들을 미팅에 소집했다.

업체 및 유관 부서와 통화할 때 15분을 넘기지 않는 방법, 하루를 시작할 때 업무의 데드라인을 정해놓고 끝내는 방법, 계획된 미팅이 아닐 경우 대처하는 방법 등. 시간을 효율적으로 활용해 야근을 최소화하자는 뜻을 팀원들과 공유했다. P과장과는 별도로 개인 업무 면담을 진행했다.

판매 접점에 있는 세일즈맨이나 리얼 타임으로 고객과 소통하는 현장 마케터들은 시간 관리가 생명이다. 타이밍이 지나면 소용이 없다. 누구도 시간을 책임져주지 않는다. 일의 우선순위를 정해야 한다. 개인 노트나 휴대전화에 그날의 해야 할 일들을 메모하자. 유통회사에서는 '리테일은 디테일이다(Retail is Detail)'라는 말이 있다. 굉장히 섬세해야 한다는 이야기다. 말은 쉽지만 어렵다. 꾸준한 습관이 필요하다.

비즈니스 현장에 있는 많은 직장인이 내용의 차이만 있을 뿐, 거의 유사한 정도의 압박을 받으며 자신의 건강까지 해치면서 하루하루를 버텨내고 있다. 나도 한때는 회사를 그만둬야 하나, 말아야 하나를 고민했다. 아무리 성실히 해도 급여는 제자리였다. 실적을 올리지 못하면 회사의 불호령이 있게 마련이다. 물론 지금은 직장생활 27년의 내공으로 어느 정도 해소된 것은 사실이다.

세일즈의 세계에서는 매출이 성과이고 실적이다. 아무리 열심히 일해도 실적이 '꽝'이면 의미가 없다. 그냥 좋은 사람으로 끝난다. 자존감은 낮아지고 악순환의 고리를 타기 시작하면 정말 '답'이 없어진다. 스마트하게 일해야 한다. 그 중심의 핵심은 효율적인 시간 관리에 있다.

현장 마케터나 판매 사원들은 고객에게 상품을 '강요'하면 안 된다.

며칠 전, 할인점에서 쇼핑을 했다. 살림에 필요한 쇼핑을 하고 끝날 무렵에 아내가 "주방 가위가 필요해요"라고 말하며 주방 코너로 갔다. 마땅한 것이 없어서 두리번두리번하고 있었다.

아내가 "윤용 씨, 이리 와 봐요. 식탁에 놓을 수 있는 미니 인덕션과 소형 2인용 냄비가 48,000원이에요. 판매 여사님이, 구입하면 주방 가위를 공짜로 준대요." 계 탄 느낌으로 아내는 나에게 이야기했다. 판매 사원은 나에게 "그냥 공짜로 주방 가위가 해결됩니다. 안 사시면 손해 예요. 지금 구입하지 않으시면 후회합니다"라고 말했다.

나는 주방 가위 상태를 점검했다. 백화점 상품본부에서 근무했던 경험이 있었던 터라 품질 상태를 금방 알 수 있었다. 상태는 조악했다. '필요한 것은 주방 가위인데…'라며 혼자 생각했다. 아내는 그 판매 사원에게 주방 가위 있는 곳을 문의했다고 한다. 판매 사원은 본인의 상품을 팔 욕심에 전혀 상관없는 상품을 나의 아내에게 강요했던 것이다. 나는 말없이 아내의 손을 잡고 다른 쪽으로 갔다. "우리가 필요한 것은 주방 가위잖아"라고 말했다. 잠시 후, 쓰기에 괜찮은 주방 가위를 1만 원에 구매할 수 있었다.

그 판매 사원이 만약, "주방 가위가 필요하시군요. 사은품으로 증정하는 것이지만 1년 정도는 잘 쓰실 수 있어요. 이 미니 인덕션은 식탁용이라 간단한 전골 요리를 할 수 있는 적절한 상품입니다"라고 이야기했다면 어떠했을까? 아쉬움이 남는다.

팔 욕심만 내는 것이 아닌, 고객의 니즈를 정확히 알려는 진심이 있어야 한다. 고객이 무엇을 원하는지 순간적으로 파악해야 한다. 할인점에서는 원 플러스 원 행사를 많이 한다. 이럴 때도 판매 사원은 무조건 싸게 판매한다는 느낌이 없어야 한다. 정말 필요한 것을 이번 기회에 가성비 있게 구매한다는 생각이 들게 해야 한다. 고객이 기분 좋게 살 수 있도록 설득해야 한다. 무조건 열심히 판매만 하려고 한다면 고객의 반감만 살 뿐이다. 판매현장에서 비슷한 상품을 판매하면서도 경쟁사와 매출 차이가 많이 나는 것은 대부분 판매 사원의 역량 때문이다.

대부분의 사람들은 열심히 산다. 나는 몇 년 전 임원이 되기 전까지는 매일같이 6시에 기상해서 8시에 회사에 도착했다. 19시 정도에 상사가 퇴근하고 나면 나머지 일을 마무리하고 21시가 넘어서야 퇴근했다. 10여 년 전, 회사 고위 임원을 하셨던 분이 "나는 저녁 8시 50분까지 퇴근해서 9시 저녁 뉴스를 보는 것이 소원이야"라는 말씀이 생각난다. 지금의 사회 분위기로 볼 때는 '호랑이 담배 피우던 시절의 이야기'로 들릴 수도 있겠다.

삶을 열심히 사는 것처럼 회사생활이나 사업도 열심히 할 필요가 있다. 단, 스마트하게 열심히 살아야 한다. 판매 사원들이 절대로 하지 말아야 할 접객 용어 세 가지가 있다. 이는 "안 돼요", "없어요", "못해요"다. 아무리 상품 지식이 뛰어나더라도 위 세 가지 용어를 자주 하는 세일즈맨이나 판매 사원은 기본적으로 자격이 없는 것이다.

내가 다소 황당했던 과거 사례가 있다. 한국인들은 대부분 하체가 짧은 특성이 있다. 나는 좀 더 짧다. 백화점에 근무하는 사람들은 대부분 옷을 잘 입는다. 나도 봐줄 만할 정도로는 입는다. 하하! 농담이다. 꽤 명품인 유명 브랜드 바지를 구입하러 매장에 갔다. 사이즈가 없었다. 판매 사원은 알아보지도 않고 대뜸 나를 아래위로 훑어 보고는 "그 상품은 없습니다"라고 말했다. 나는 그 매장의 단골 고객이었다. 나를 처음 응대했던 사원은 이곳에 최근에 전입한 사원이었다. 상품 지식은 브랜드 내에서 가장 우수한 그룹에 속한다고 했다.

매니저는 미안하다며 사이즈를 찾아서 연락을 주겠다고 했다. 며칠 후 연락이 와서 그 매장에 들렀다. 나를 처음 응대한 사원이 있었다. 예전에는 몰라 뵈었다고 연신 죄송하다고 했다. 나의 기분을 풀어주려고 노력을 많이 하는 모습이 보였다.

해외상품이어서 허리둘레는 맞았지만, 바지 길이가 턱없이 길었다. 바지 길이를 많이 잘라야 했다. 그 사원은 나에게 "팀장님, 반바지를 해서 입으시네요"라고 말했다. "예, 제가 좀 짧아서요." 겉으로는 내색을 못 한 채, 속으로만 '불쾌한 사원이네'라고 생각하며 그 브랜드의 옷을 구입했다. 나중에 그 브랜드 매니저에게서 그 사원은 퇴사했다고 들었다. 나뿐만 아니라 여러 고객에게 컴플레인이 많았던 것이다. 아무리 열심히 하고 상품 지식이 많다고 하더라도 잘못된 언어 습관을 가지고 있으면 고객의 외면을 받는다.

마케팅 현장이나 판매현장에서 수많은 사원들을 만났다. 거의 대부분 열심히 자기 분야의 지식을 연마하며 실력을 갖추고 있다. 그런데 안타까운 것은 대부분의 사람들이 하루하루 생활에 지쳐 있다. 그러다 보니 매출 목표는 있는데, 고객 목표는 없다. 고객 목표를 설정하려면 더 많이 공부해야 하기 때문에 하루하루의 현상 유지에 만족하는 경향이 있었다.

어떤 사업을 하든지 '나의 고객이 누구인지' 설정하는 것은 매우 중요하다. 상품의 특성에 따라서 목표 고객층이 다를 것이다. 무턱대고 '내 상품은 최고니까 열심히 팔기만 하면 돼!'라는 안이한 생각으로는 매출이나 고객을 확보하기 어렵다. 그런 생각으로는 사업은 실패의 악순환을 돌게 된다.

무턱대고 열심히 하는 시대는 지났다. 목표 고객 설정부터 제대로 해야 한다. 공부하자.

06

'주먹구구'식 영업은
이제 그만하자

시대는 굉장히 빠르게 변화해 지난주의 뉴스가 이미 과거의 이야기가 되고 있다. 코로나19는 그 속도를 더 빠르게 변화시키고 있다. 정신 차려야 한다. 현재 쳇바퀴 돌리는 다람쥐처럼 매일매일 반복하는 세월을 보내고 있는가? 현장에 있는 마케터나 세일즈맨들은 고객의 눈길을 사로잡는 마케팅 기법에 올인하고 있는가?

새로운 기술을 동반한 고객 트렌드는 급속도로 변화하고 있다. 온라인, 오프라인 등 채널 간의 싸움이 치열하다. 고객은 본능적으로 편리하고 가치가 높은 쪽으로 이동하며 상품들을 구매하며 즐기고 있다. 현장에 있는 마케터나 세일즈맨들은 울고 싶은 심정이다. 어떻게 해야 할까? 유통 현장에서 이어지고 있는 그 무엇보다 중요한 것은 '기본에 충실한 나다움'이다. 이 말은 대선배들로부터 현재까지 전달되고 있는 유통 격언이다. 세상이 어떻게 변하더라도 삶의 가치를 제공하고, 고객의 행복을 추구하는 판매·유통 본업의 정신은 '기본'에 있다.

복합 쇼핑몰이나 백화점, 할인점, 편의점, 자영업 등 규모의 대소와 관계없이 바로 옆에 경쟁사가 오픈하면 타격을 받는다. 스타벅스가 개업하면 주변의 커피숍들은 매우 심각한 매출 감소를 경험하는 것처럼 말이다. 경쟁사가 바로 옆에 오픈했을 때에 낭패를 경험했던 사례를 공유하겠다. 마케팅팀은 경쟁사의 오픈 프로모션과 고객들에게 어떤 서비스를 제공하는지 파악하는 것이 매우 중요하다. 오픈 후 100일이 향후 상권을 지키느냐, 빼앗기느냐 승패가 갈리기 때문이다. 이에 대응하기 위해서는 최소한 3개월 전에는 경쟁사에서 증정하는 사은품을 파악해야 한다. 대규모 물량이기 때문에 적기에 맞추려면 최소한 그 정도의 시간은 있어야 한다. 그런데 한두 개만 파악이 되고 나머지는 파악을 못 했다. 우리는 당초 기획했던 올리브 오일 500mL를 준비했다. 올리브 오일은 예나 지금이나 인기 있는 아이템이다. 750mL를 줘야 한다는 의견도 많았으나 500mL로 결정했다. 아무리 경쟁이라도 마케팅 예산을 신경 쓰지 않을 수 없었다.

경쟁사가 오픈하는 날이 되었다. 아뿔싸! 경쟁사는 올리브 오일을 750mL로 증정했다. 같은 상권에서 고객의 관심을 받기 위해 준비했던 같은 사은품의 용량이 경쟁사보다 적었다. 세일즈 프로모션 경쟁에서는 치명적이다. 부랴부랴 우리 회사도 용량을 750mL로 올렸으나 이미 기선은 제압당했다. 막연하게 500mL면 충분하다고 생각했다. 팀원들의 의견을 충분히 듣지 않았던 것이 화근이었다. 마케팅 비용도 생각해야 하는 팀장의 입장이 너무 강조되었던 것이다. 치밀하지 못했다. 경쟁사의 사은품 프로모션에 대한 대응은 했으나, 결과적으로는 주먹 구구식으로 의사 결정을 한 것이다. 상권 내의 고객들에게 S백화점은 깍쟁이라는 소문이 퍼졌다. 올리브 오일 250mL 아끼려다가 고객을 잃어버린 것이다. 경쟁사 오픈 빨도 있긴 했지만, 만회하기 위한 시간은 생각보다 오래 걸렸다. 아픈 추억이다.

요즈음의 고객은 어느 때보다 현명하고 요구사항이 많다. 백화점에서 제공하는 사은품 하나까지도 비교하고, 실시간으로 지역 맘 카페를 통해 공유한다. 컴퓨터 기술의 발달은 고객에게 세일즈맨보다 더 빨리 상품 정보를 알 수 있는 환경을 제공한다. 고객들이 상품을 스스로 공부하고 스스로 선택하는 추세다. 고객의 구매 의사 결정은 백화점, 쇼핑몰 등 마켓에 가거나 세일즈맨을 만나기 이전부터 시작된다.

고객이 휴대전화나 컴퓨터를 켤 때 상품에 관련된 많은 사항을 접하게 된다. 이 순간이 마케팅이 시작되는 시점이고, 고객이 선택하는 순간이다. 그 선택은 대부분 브랜드의 성공과 실패에 영향을 준다. 주먹 구구식 영업의 시대는 이제 다시 돌아오지 않는다.

쇼핑몰, 백화점, 지역 상가의 자영업 등 모든 리테일 관련 업체들은 지역 맘 카페를 주목한다. 얼마 전 내가 겪었던 지역 맘 카페 관련 해프닝을 소개하겠다. 강남의 S백화점은 대한민국 1등 유통시설이다. 트리플 역세권으로, 지하철 세 개 노선이 지나고 있다. 지하 지형은 암반석으로 대한민국 어느 곳보다 튼튼하다. 그런데 지역 맘 카페에 누군가 '불안하다, 건물이 흔들린다. 거기에 있는 S백화점, 호텔, 면세점, 터미널을 가면 안 된다'라는 악성 루머 글을 게시했다. 그 글을 본 시민들이 여러 통의 문의 전화를 했다. 그 당시 호텔은 리뉴얼 공사를 하던 중이었다. 회사에서는 즉시 건물의 구조 안전 진단 등 취할 수 있는 모든 조치를 행했다. 나는 세계적인 구조설계 회사와 컨설팅 계약을 했다. 대한민국 최고의 구조 안전 관련 교수님을 모시고 현장에서 직접 진동 체크를 했다. 원래부터 안전한 건물이다. 지역 맘 카페에 안전에 대한 글들이 게시되었기 때문에 고객의 불안감을 해소하기 위해 취했던 실천 활동이었다. 고객의 의견이 아무리 사소한 것이라도 경영에 즉시 반영하는 회사에 다닌다는 보람도 있었다.

고객들은 이제 혼자서 구매 결정을 하지 않는다. 맘 카페 등을 포함한 각종 SNS를 통해 정보를 듣고 본다. 요즘은 SNS 공간이 사랑방이 되었다. 좋아하는 상품과 서비스를 온·오프라인의 지인들과 공유하며 브랜드를 살리기도 하고, 죽이기도 한다. 참으로 다이내믹한 세상이다. 이젠 어떤 마케팅 활동을 하더라도 디지털을 빼놓고는 할 수 없는 세상이 되었다.

'구슬이 서 말이라도 꿰어야 보배'라는 말은 '구슬이 서 말이라도 SNS로 꿰어야 보배'라는 말로 바뀌어야 할 듯하다. 이제 고객은 큰 노력을 들이지 않고도 다른 나라의 소비자와도 소통할 수 있다. 따라서 과거의 전통적인 대중 중심의 광고를 하는 것은 효과적이지 않다. 즉내 가게를 개점하는 자영업을 하더라도 전단을 뿌리지 말라는 이야기다. 디지털 멀티 플레이어가 되어야 한다.

2년 전, 회사에서는 이탈리아 레스토랑과 캐주얼 한식당을 직영으로 한 달 간격으로 오픈했다. 오픈할 때 과거의 마케팅 활동은 모두 배제하고, SNS를 통한 활동으로만 광고했다. 힘 있는 맛집 블로거들을 초청해 식당을 보여주고 스토리텔링을 했다. 지금도 인스타그램을 통해 입소문 마케팅을 하고 있다. 코로나19로 인해 현재는 어렵게 영업을 하는 중이다. 집콕 소비의 영향으로 배달 상품을 개발해 일부 영업을 하고 있는 상황이다. 그래도 다행인 것은 이탈리아 레스토랑의 경우 꾸준한 입소문을 통해 고객들이 감사하게도 방문을 해준다는 것이다. 고객에게 영향력 있는 블로거 등 인플루언서의 한마디가 매우 중요한 시점이 되었다.

이제는 과거의 마케팅은 더는 유용하지 않은 세상이 되었다. 마케팅이라는 개념이 원천적으로 바뀌고 있다. 디지털 시대 고객에게 맞는 가치를 제공하는 형태로 변하고 있다. 이제 마케터는 고객의 마음을 진심으로 살펴야 한다. 고객은 아마도 정서적인 만족감을 넘어서 영적인 만족감을 추구할지도 모르겠다.

판매 행위를 하는 모든 업체는 경쟁이 불가피하다. 고객의 마음을 얻기 위해서는 자신이 가진 경쟁우위와 환경을 분석해 고객의 마음속에 브랜드와 상품 및 서비스를 포지셔닝해야 한다. 마케팅 및 세일즈 방식은 계속 진화해가고 있다. 전통적인 마케팅의 효과뿐만 아니라 대중 프로모션의 효율성도 많이 감소하고 있다. 이런 시대에 우리는 '어떻게 상품을 알리고 홍보할 것인가?', '어떻게 해야 고객들이 재방문해 구매할 것인가?', 궁극적으로는 '어떻게 해야 브랜드 충성 고객을 늘릴 수 있을 것인가?' 하는 숙제를 풀어야 한다.

예전에는 상권 내 경쟁사나 옆집 가게에서 무엇을 하는지 보고 대응하면 되던 시대였다. 그러나 지금은 온라인, 배달 앱 등으로 인해 신경 쓸 것이 한두 개가 아니다. 세월이 변하고 고객이 변하고 있기 때문이다. 이럴 때일수록 사람에 집중해야 한다. 고객의 영혼까지 보살핀다는 마음가짐이 중요하다.

과거의 마케팅 방법에서 돌아서야 한다. 이제 감성이 있는 디지털 멀티플레이어가 되자.

07

도대체 왜 매출이
오르지 않을까?

'매출은 인격이다.' 마케터와 세일즈맨 사이에서 공공연히 회자하는 말이다. 그만큼 매출이 중요하다는 이야기다. 마케팅 프로모션과 다양한 채널을 통해 광고하는 이유는 매출을 올리고 싶기 때문이다. 요즘 대세인 유튜브, 페이스북, 인스타그램 등 SNS를 통한 활동들도 다양한 콘텐츠를 통해 수익을 창출할 수 있는 훌륭한 아이템이다. 지적자본과 같은 무형자산이 돈이 되는 세상이다. 매출은 '돈'이다. 돈이 있어야 생활이 된다. 생존을 위한 것이든, 자아개발을 위한 것이든 돈이 있어야 원하는 대로 할 수 있다. 요즘 같은 코로나19 상황에서 기업 경영자가 제일 자주 보는 재무제표는 현금흐름표이다. 돈이 잘 돌아가는지 체크하는 것이다.

매출이 없으면 근무 분위기부터 바뀐다. 매출 부진 대책회의가 바로 진행된다. 마케팅 전문가인 나도 근 30년의 회사생활 동안 한 해도 거르지 않고 매출과 관련해 편하게 넘어간 적이 없는 듯하다. 나도 이럴 진대 소상공인 사장님들과 자영업 사장님들은 오죽하겠는가? 심심한 위로의 말씀을 드린다.

몇 년 전, 매출이 너무 부진해 혼자 별의별 생각을 다 해본 경험이 있다. 프로모션도 진행하고 여러 채널에 광고도 했다. '도대체 왜 매출로 이어지지 않을까?' 팀 미팅을 해도 별 뾰족한 수가 없었다. 나는 매출이 부진하거나 기분이 별로일 때는 항상 매장 현장에 나간다. 현장에 답이 있기 때문이다. 생활 매장부터 걷기 시작했다. 침대 매장에 들어가 최고가의 ○○브랜드 매장의 매니저와 이런저런 이야기를 나누었다.

"요즘 고객들은 어디서 많이 오시나요?"

"예, 최근에 한남동과 용산 쪽에서 문의가 옵니다. 참, 강남 신규 아파트에서도 좀 와요."

매니저는 친절하게 관련 상황과 상품 동향 등을 이야기했다. 머리가 혼란스러웠다. '아! 내가 신규 상권 개척을 너무 등한시했구나!' 너무 기존 고객들 중심으로 마케팅을 진행했다.

사무실로 급히 들어왔다. 상권 지도를 폈다. 신규 아파트들을 표시했다. 기존 고객 분석을 다시 시작했다. 전후방 연관 매출 분석을 했다. 사용할 수 있는 마케팅 예산을 점검했다. 다행히 월초여서 쓸 수 있는 예산이 좀 있었다. 급히 신규 아파트용 DM을 제작했다. DM에 들어갈 다양한 상품별 쿠폰북도 준비했다. 신규 우량 상권에 핀 포인트 마케팅을 전개한 것이다. 월 매출 110% 달성, 20% 신장을 기록했다. 월 초반 매출이 부진했는데, 월 마감을 성공적으로 달성하고 마무리했다.

매장 현장에 갔을 때 나에게 고객 동향 및 상품 동향에 대해 알려준 매니저가 고마웠다. 그 매니저는 '고객 응대할 때 어떻게 한다', '매출이 안 좋을 때는 단골 고객에게 안부 손 편지를 적어 보낸다' 등 매장 현장에서 일어날 수 있는 다양한 사례들을 나에게 이야기해주기도 했다. ㅇㅇ브랜드는 매출 목표 달성을 잘해 최우수 브랜드로 시상까지 받았다.

이런 경험을 하면서 깨달은 것이 있다. '고객은 언제나 옳다. 내가 고객과의 주파수를 잘못 맞추기 때문에 결과가 안 좋은 것이다.' 현장 마케터나 세일즈맨은 고객의 주파수를 알아야 한다. 마케팅 프로모션을 하기 전에, 여러 형태로 광고 예산을 집행하기 전에, 먼저 알아야 한다. 먼저 알아야 할 것을 세 가지로 요약했다.

첫 번째, 진정성 있게 고객에 대해 생각하고 있는가? 나의 브랜드에 맞는 고객을 상상하며 그 사람의 연령, 가족관계, 라이프 스타일 등을 자세하게 그려봐야 한다. 그러기 위해서는 자연스럽게 고객과 친해져야 한다. 고객이 편안한 상태가 되면 좋아하는 상품, 장소, 커뮤니티 등을 자연스럽게 공유하게 된다. 고객의 라이프 컨설턴트처럼 되면 더 좋다. 주의할 점은 진심으로 고객과 소통해야 한다는 것이다.

두 번째, 현장의 중요성을 간과하면 안 된다. 지금은 스마트 컨슈머 시대다. 고객들은 매장을 방문할 때 구매할 상품에 대해 어느 정도 알아보고 온다. 만약, 마케터나 세일즈맨이 보낸 광고나 브랜드 정보를 보고 왔는데, 현장의 상품과 일치하지 않는다면 어떨까? 과장 광고가 되어 고객은 금방 실망하며 돌아설 것이다. 현장은 항상 준비되어 있어야 한다.

세 번째, 고객은 상품을 어떻게 알고 왔을까? 대중 전단, DM, TM, 블로그, 페이스북, 유튜브 등 유입경로를 분석해야 한다. 요즘은 워낙 채널이 다양해 잘못하면 마케팅 비용만 쓰고 실익은 없을 수 있다. 어느 경로를 통해 고객이 오는지 안다면 효율적으로 마케팅 자원을 투입할 수 있다.

내가 사는 동네에 조그만 트럭에서 순대 곱창을 장사하는 사장님이 있다. 그분은 아파트 단지를 요일별로 돌면서 장사를 하시는데, 항상 손님이 끊이지 않는다. 아내와 나는 이 집 단골이다. 마케터인 나는 어떻게 장사하는지 유심히 지켜보다가 물었다.
"사장님, 코로나 때문에 힘드시죠?"
"예, 하지만 저만 힘든 것은 아니니까요. 즐겁게 하려고 노력합니다."
사장님의 마인드가 긍정적이다. 나는 순대 곱창 3인분을 주문했다.
"오늘은 특별히 순대가 맛있습니다. 곱창은 상태가 권하기가 좀 그러네요."
사장님은 본인이 판매하는 상품의 상태를 완전히 알고 있었다.
"앗, 사장님 제가 돈을 안 가져 왔네요. 어떡하죠?"
내가 난감해하며 물었다.

사장님은 "별말씀을요. 계좌로 이따가 넣어주세요"라며 계좌번호가 적혀 있는 메모지를 주셨다. 고객을 배려한 사장님의 방법이었다.

"사장님, 단지를 돌아가면서 하세요?"라고 물었다.

"예, 요일을 규칙적으로 나누어서 하게 되면 한군데에서 하는 것보다 고객들을 더 많이 만날 수 있습니다."

답변이 예사롭지 않다.

순대 곱창 사장님은 첫 번째, 팔고 있는 상품에 대해서 완벽히 파악하고 있었다. 두 번째, 마인드가 긍정적이다. 세 번째, 고객을 배려하는 마인드가 남달랐다. 네 번째, 단골 고객을 확보하고 확장하는 방법을 알고 있었다. 트럭에서 장사하는 대부분의 사장님들은 한 군데에서 한다. 나는 순대 곱창 사장님으로부터 마케팅의 지혜를 한 수 배웠다.

쉬지도 않고 누구보다 최선을 다하는데 매출은 왜 안 오를까? 옆 가게는 고객이 바글바글 줄을 서는데 내 가게만 한가한 이유는 무엇일까? 옆 가게의 음식 맛이 매우 좋아서? 옆 가게에서 돈을 많이 투입해 전단 광고를 많이 해서? 그렇지 않다. 내 가게에 오는 고객이 누구인지 치밀한 분석 및 전략이 없기 때문이다.

그렇지 않은 경우도 있겠지만, 대부분의 작은 가게들은 고객이 어디서 많이 오는지, 무엇 때문에 내 가게에 오는지 관심이 별로 없다. 규모가 작을수록 얼굴 영업이다. 즉, 우리 집에 오는 고객들의 얼굴은 다 기억해야 한다. 항상 밝은 얼굴로 맞이하는 것은 기본이다. 운영하는 사장님의 태도와 자세가 좋아야 매출이 증가하고 성공할 수 있다. 작은 가게일수록 고객에게 얼마나 심혈을 기울이느냐가 중요하다.

대형 쇼핑몰이나 백화점 내에는 식당들이 있다. 내가 근무한 곳도 '식당가'라는 이름으로 10여 개의 식당이 있다. 대부분의 식당은 잘되는데, 안 되는 식당들이 간혹 있다. 나는 이런 부진한 식당들을 여러 번 컨설팅했다.

첫 번째, 왜 매출이 부진할까? 그것은 고객이 없어서다. "맛이 없어서", "불친절해서", "꼭 가야 할 이유가 없어서" 이런 대답은 막연하고 추상적이다. 고객이 일정하게 방문하면 매출이 줄어들지 않는다.

두 번째, 고객이 왜 없을까? 백화점의 식당가에 들어올 정도면 맛이나, 친절 등은 기본적으로 되어 있는 곳이다. 메뉴의 지속적인 변화, 사원들의 장기근속, 자체적인 마일리지 제도 등 경영 측면의 요소가 크다.

세 번째, 고객이 뭘 원하는지 모른다. 식당 사장님은 자기 브랜드 고집만 부린다. 얼마 전, 매우 유명한 식당 브랜드가 고객 흐름과 다르게 고집만 부리다가 영업이 부진해 철수한 경우가 있다.

네 번째, 끊임없이 원재료를 계산한다. 밑반찬의 개선이 없으면 망하게 되어 있다. 인색한 원재료비 투입은 길게 못 보는 것이다.

나는 컨설팅을 할 때마다 "머리가 하는 것과 가슴이 하는 것은 다르다"고 말씀드린다. 어떤 의미인지 다들 눈치채셨으리라. 유통 현장에서 잔뼈가 굵은 나에게는 "매출은 인격이다"라는 말이 농담처럼 들리지 않는다. 수많은 중소 자영업자들이 모여 있는 곳이 쇼핑몰이고, 백화점이다. 이들은 쇼핑몰이나 백화점을 구성하는 주요 콘텐츠, 상품을 제공해주는 고마운 분들이다. 매출이 오르고 이분들이 신바람이 나야 한다. 그래야 지역 경제, 국가 경제가 돌아간다.

나는 우리 동네 순대 곱창 사장님으로부터 고객 지향적인 마인드를 배웠다. 내 고객을 철저히 분석해야 한다. 내 상품에 대한 자신감이 있어야 한다. 고객의 변화에 유연하게 대처하는 마케팅 및 세일즈 방법을 지속적으로 찾아야 한다. 무엇보다 중요한 것은 긍정적인 마인드를 갖는 것이다. 이것을 바탕으로 매출 신장을 위해 실행력을 발휘하면 매출은 자동으로 오르게 된다.

매출이 오르지 않는 이유는 내 고객이 누군지 모르기 때문이다. 고객의 주파수를 맞춰라.

08

당신의 말 습관을
점검하라

최근 사회 현장과 경제 상황은 모두가 느끼듯이 격변기에 돌입해 있다. 오프라인 시장은 위축 방향으로 진입한 반면, 온라인 시장은 무한 경쟁 시장의 모습이다. 온·오프라인 모두 소용돌이치고 있다. 만나는 사람들의 입에서는 "불황이다, 먹고살기 힘들다, 앞이 안 보인다" 등 부정적인 언어 사용이 부쩍 늘었다. 나는 지금까지 회사생활을 하면서 호황이라는 말을 거의 듣지 못했던 것 같다. 매출 목표 수준이 항상 높았기 때문이었을까. 세일즈 현장에서는 뭔가 항상 부족한 상황이었다. 지금의 사회는 비정상인 상태가 일상이 된 '뉴노멀' 상황이다. 이럴수록 판매현장의 마케터와 세일즈맨들은 더욱더 분주하다.

판매현장을 돌아다니다 보면 잘되는 매장과 부진한 매장의 차이가 분명하다. 대부분 판매 사원의 역량에 따른 차이다. 장르 전체가 매출 역신장이 심하더라도 우수한 판매 매니저가 있는 브랜드는 역신장하지 않는다. 이런 이유로 유통 매장에서는 판매를 잘하는 우수 매니저 확보에 심혈을 기울인다.

나는 점포에 있을 때 매출이 잘 나오는 매장 중의 하나였던 브랜드의 K매니저가 생각난다. 그 매니저는 첫 번째, 표정이 밝고 자연스러웠다. 인위적인 '가짜 미소'를 짓지 않았다. 두 번째, 상품에 대한 자신감이 상당히 높았다. 본인 브랜드뿐만 아니라 경쟁 브랜드까지 완벽하게 알고 있었다. 세 번째, 말 센스가 상당히 좋았다. 어떤 고객이 오더라도 단골 고객으로 만드는 재주가 있었다. 이런 우수한 판매 매니저들은 고액의 연봉을 받고 경쟁 브랜드로 스카우트되기도 한다. K매니저도 아웃도어 매장으로 스카우트되었다. 매번 꼴등 하던 브랜드를 4개월 만에 1등 브랜드로 만들었다. 나는 그 과정을 지켜보았다. 그 매니저는 삶의 철학도 남달랐다.

우수한 판매 사원은 고객에게 휘둘리지 않고 당당하게 응대한다. 언제나 자신 있게 말한다. 생각보다 고객에게 절절매면서 끌려다니는 사원들이 많다. 친절하되, 전문가의 모습을 보여야 한다. 모든 일에는 순서가 있다. 아무리 급해도 겉옷 입은 후에 속옷을 입지 않는다. 고객이 매장에 들어오면 첫마디를 제대로 떼지 못하는 경우도 다반사다. 이렇게 되면 힘은 힘대로 빠지고 고객은 이리저리 둘러보다가 다른 매장으로 이동해버린다.

이럴 경우, 입장을 바꿔서 생각해보면 답이 나온다. 고객의 입장이 되어보라. 내가 우리 매장에 고객으로 왔다면 나는 뭘 원할까? 나는 내가 있는 매장의 상품을 살 것인가? 무엇 때문에 살 것인가? 답이 나왔다면, 그대로 고객에게 적용해 판매해볼 것을 권한다.

사람들은 같은 말을 듣더라도 전문가의 말을 더 신뢰한다. 최소한 자신보다는 많이 아니까 틀리거나 잘못될 일이 없다고 생각하기 때문이다. 판매 사원들도 그래야 한다. 상품 지식이나 상품 트렌드 등 완벽하게 알고 고객을 응대하면 자연스럽게 자신감이 붙고 당당해질 것이다. 주의해야 할 점은 당당함과 잘난 척은 다르다는 것이다. 고객 입장에서 판매 사원이 잘난 척한다고 느낀다면 판매로 연결되지 않는다. 그래서 판매 사원들은 평소에 올바른 말 습관을 지녀야 한다. 주변에는 같은 말이라도 효과적으로 전달하는 사람이 있을 것이다. 말이 많은 것도 아닌데 왠지 그 사람이 말하면 신뢰가 가고 믿게 되는 그런 사람 말이다.

예전에 나와 같이 근무했던 S과장님이 생각난다. 그분은 대한민국 최고의 스펙을 가진 분이다. S대 출신의 MBA까지 했으니 가히 자부할 만했다. 그런데 그분은 항상 시니컬했다. 회사에서 실행 계획이나 프로모션 방향이 결정되어 액션에 들어갈 때면 항상 "이거 내가 다 해봐서 아는데, 너무 힘들이지 마. 결과는 뻔해. 안 될 거야"라며 투덜거렸다. 후배였던 나는 이해가 되지 않았다. 사람은 착한 분이었는데, 말투가 항상 부정적이었다. 왠지 옆에 있기가 싫었다. 나중에 그분은 회사에서 '투덜이 S과장'이라고 소문이 났다. 결국, 부장 진급을 못하고 퇴사를 하게 되었다. 그분의 말 습관이 잘못된 것이다. 반면 내세울 것

없는 스펙에도 불구하고 열심히 하는 P과장은 언제나 봐도 긍정적이다. 얼굴은 항상 밝았다. 아이디어도 많았다. 임원들로부터 신뢰를 받았는지 어려운 프로젝트도 척척 해냈다. 그분은 부장 승진도 빨랐고 임원까지 지냈다.

'말 한마디에 천 냥 빚도 갚는다'는 말이 있다. 이 말 한마디에 위기를 넘긴 적이 있다. 백화점 여름방학 프로그램을 기획했다. 유명 어학원과 협력해 VIP 고객들을 위한 프로모션이었다. 계획대로 잘 진행되고 있었다. 그 어학원에서는 VIP 고객 자녀들을 대상으로 캠프를 운영해 지속해서 아이들을 확보하려는 목적이었다. 그런데 캠프를 떠나려고 한 날짜에 폭우가 왔다. 지속적인 비로 캠프를 진행하지 못할 상황이었다. 대부분의 고객은 이해를 해줬는데, 한 가족이 문제가 되었다. 아이를 캠프에 보내고 외국 여행을 가려고 했다는 것이다. 난감했다. 어학원은 천재지변의 상황이므로 책임질 수 없다며 발뺌했다. 고객은 모든 것을 배상하라고 난리를 쳤다. 나는 고객에게 만나자고 하고 약속을 정했다. 고급 호텔에서 만났다. 상황을 들어보니 그 VIP 고객도 딱한 사정이 있었다. 나는 진심으로 사과를 하고 회사에서 취할 조치들을 설명했다. 나와 비슷한 또래의 VIP 고객이었다. 나는 우리 아이 키우는 이야기도 하면서 진심으로 응대했다. 다행히 잘 마무리했다. 나중에 그분에게 전화가 왔다. "남 과장님의 겸손한 태도와 부드럽지만 명확하게 말씀하시는 모습에 프로의 느낌을 받았습니다"라고 했다.

'40세 이후부터는 자기 얼굴에 책임져야 한다'라는 말을 잘 알고 있을 것이다. 말 습관을 어떻게 하느냐에 따라서 얼굴도 바뀐다. 말에는 그 사람의 생각과 인격이 스며 있기 때문이다. 판매현장에서 고객들과 부대끼며 생활하는 판매 사원이나 세일즈맨들은 자존감을 갖는 말 연습을 할 필요가 있다. 아침에 일어나서 "감사합니다", "고맙습니다", "오늘도 행복합니다"를 외쳐보자. 매일 실제 행동에 옮겨보자. 자기를 사랑하는 정감 있는 마음으로 외쳐보자. 서서히 긍정적으로 변화하는 자신을 발견할 것이다.

누군가의 마음을 얻고 싶다면 상대방이 관심 있는 사항을 표현해야 한다. 취업 공부에 올인하는 친구에게 결혼 이야기를 꺼낸다면 어떻게 생각할까? 관심 있는 친구라 할 수 없을 것이다. 사람들과 만나서 이야기할 때 메모하는 습관을 지닐 필요가 있다. 나중에 통화할 때 메모를 보고 안부를 묻는다면 '나에게 관심이 있구나'라는 인상을 줄 수 있다. 특히, 고객과 매일 대면하며 매출을 올려야 하는 판매 사원들이나 세일즈맨들에게는 유용한 팁이다.

누구나 말을 잘하고 싶을 것이다. 그러려면 자기 생각부터 정리가 잘되어 있어야 한다. 자신의 말에 따라 고객의 반응과 매출이 달라지는 것을 실감할 것이다. 말 습관은 쉽게 고쳐지지 않는다. 그래도 바꿔야 한다. 나는 최근 코로나로 인해 언택트로 회의를 많이 한다. 처음엔 왠지 어색했지만, 화상회의를 지속해서 하다 보니 말 연습을 하게 되었다. 평소에 느끼지 못했던 내 말의 습관을 발견해 고치려고 노력 중이다. 자기 목소리를 녹음해보라. 친한 지인들과의 대화를 녹음해보는 것도 방법이다. 또한, 내가 쓰고 있는 판매현장의 언어를 리얼하게 녹음하고 들어보자. 많은 부분에서 고쳐야 할 것을 발견하게 될 것이다.

말 습관을 점검하며 말투나 사용하는 언어를 고쳐보자. 지속해서 고치면서 고객 응대를 해보자. 그런 후 매출을 점검해보자. 어느새 매출이 서서히 상승하는 것을 발견하게 될 것이다.

말하기가 경쟁력인 시대가 되었다. 확신 있게 말하면 자신감이 생긴다. 에너지를 키우자.

2장.

나는 마케팅의 모든 것을 고객에게 배웠다

매출 좋은 상품은
어떤 상품일까?

상품이 차고 넘치는 세상이다. 상품을 팔기 위해 끊임없이 홍보한다. 지금도 홈쇼핑 채널에서는 소비자의 선택을 유도하는 쇼 호스트의 멘트가 유혹적이다. 인스타그램에 들어가 본다. 사람들의 재미난 일상이 즐겁다. 사회적으로 영향력 있는 사람들의 페이스북이나 인스타그램에서 쏟아지는 그들의 일상은 일반 대중들에게 부러움의 대상이 된다.

상품을 만들어내는 제조업체들이나 유통회사들은 어떻게 표현하면 소비자들의 눈길을 사로잡을지 연구에 여념이 없다. 마케터들은 각종 채널을 연구한다. 어느 채널로 상품을 홍보하면 매출을 극대화할 수 있는지 고민하며 밤을 지새우기도 한다. 소비자들은 선택의 폭이 넓어져 마냥 즐겁다. 그러나 장난감 매장에서 사고 싶은 장난감을 못 고르는 아이들처럼 혼란스러울 때도 있다.

이제는 소비자들에게 콕 집어줘야 한다. 잘 집어주는 것이 반복되어야 한다. 그 소비자들은 나의 고객이 된다. 나는 상품본부에 근무하면서 머천다이저(MD)들과 소통할 기회가 많았다. 나는 MD 운영팀장이었기 때문에 상품 바잉을 하는 바이어들의 구매 예산을 컨트롤했다. 언제나 예산 때문에 신경전이 많았다. 고객들에게 콕 집어줄 수 있는 상품을 바잉하는 것은 쉽지 않다. 상품을 보는 안목과 시장 트렌드를 잘 잡아내야 한다. 해외에서 구매할 때는 더욱 신경이 쓰일 수밖에 없다. 환율까지 체크하면서 타깃 고객층을 머릿속에 생각해야 하기 때문이다. 최종적으로는, 내가 바잉한 상품이 고객들에게 반드시 팔릴 수 있다는 확신이 필요하다. 가끔 바이어들이 실수하는 경우가 있다. 나는 후배 바이어들에게 항상 "고객이 원하는 것을 수입해야 한다. '작품'이 아닌, '상품'을 사와야 한다"고 코칭했다. 고객을 염두에 두지 않고 바이어 개인적으로 좋아하는 상품을 바잉할 경우, 100% 실패한다. 그 상품은 고객의 외면을 받고 결국은 창고에 들어가게 된다. 심할 경우, 악성 체화재고로 회사 경영에 심각한 부담이 되기도 한다.

여주에 내가 다니는 회사의 물류창고가 있다. 해외에서 직접 사 오는 수입 상품들을 보관하는 곳이다. 몇 년 전의 일이다. MD운영팀장이었던 나는 상품의 재고 상태를 점검하기 위해 불시에 물류창고를 방문했다. 대부분 상품별·시즌별로 잘 정리되어 있었다. 차례로 점검하던 중 캐릭터성이 강한 상품을 발견했다. 누가 봐도 고객에게는 맞지 않는 상품이었다. 다음 날 해당 바이어와 미팅을 했다. 바이어는 샘플용으로 수입을 했는데, 팔릴 줄 알았다고 했다. 창고에 3년이나 방치되고 있었던 그 상품을 손실로 처리하고 상품은 소각했다. 창고 점검 결과를 작성하면서 재고 상품 처리에 대한 대안도 함께 제시했다. 창고에 있었던 많은 재고 상품들이 싼 가격으로 고객들에게 판매되었다.

유명한 해외 브랜드들의 판매 매니저들은 신상품을 수입하기 전에 고객들에게 예약을 받기도 한다. 바이어들과 함께 해외 출장을 가서 고객의 취향, 사이즈, 라이프 스타일 등을 고려해 바이어들의 바잉에 협력한다. 이럴 경우, 바이어들도 상품에 대한 확신이 생긴다. 판매 매니저들은 고객들에게 미리 주문을 받았기 때문에 더욱 섬세하게 상품을 고를 수 있다. 내가 아는 몇 명의 판매 매니저들은 이런 활동 덕분에 항상 최고 매출을 유지한다. 고객들을 몰고 다닌다는 매니저들이다.

매출이 좋은 상품은 회전율이 높다. 금방금방 팔린다는 뜻이다. 잘하는 판매 사원들은 고객들이 무엇을 원하는지 충분히 파악한다. 컴퓨터에 저장되어 있는 데이터베이스가 있지만, 한계가 있다. 고객의 섬세한 구매 특성은 매니저들이 제일 잘 안다. 신상품이 들어오기 전에 브랜드 본사와 긴밀하게 소통한다. 판매가 잘되는 상품들의 물량을 많이 확보한다. 다른 매장보다 많이 확보된 물량은 그대로 매출로 이어진다. 매출이 좋으면 리오더도 즉시 이루어진다. 매출의 선순환이 이루어지는 것이다. 결국, 우수한 판매 매니저의 역량으로 매출이 좋아지는 것이다. 잘되는 음식점과 같은 원리다. 손님이 항상 많은 음식점은 맛이 좋은 것은 기본이다. 음식 재료들이 항상 신선하다. 장사가 잘되니 재료들이 빨리빨리 제때에 맞춰 공급되는 것이다. 재료의 회전율이 높다. 음식점 사장님들은 명심해야 한다. 재료의 신선함이 고객을 오게 하는 첫발자국이란 사실을.

　매출이 좋은 상품들은 가성비가 있는 상품들이다. 어떠한 경우에도 고객들은 본인이 원하는 가격보다 높게 구매하지 않는다. 만약 구매했다면 후회하거나 반품하는 경로를 거친다. 또는 '저 연예인이 구입한 상품이니까 그만 한 가치가 있어', '이 정도의 가격으로 구입할 자격이 나에게는 있어' 등과 같이 여러 경로를 통해 스스로를 위로한다.

　누구나 바라던 상품을 싸게 '득템'했을 때의 경험이 있을 것이다. 그때를 상상해보라. 분명히 행복했을 것이다. 나도 이런 경험이 있다. 마냥 어린이와 같이 기분이 좋았다. 반면, 상품을 구매하면서 찜찜했던 경험도 있다. 급하게 남성 셔츠를 구매했을 때의 일이다. 모임의 드레스 코드가 '블루'였다. 강의 파워포인트를 만드느라 깜박했다. 조찬모임의 강연이라 좀 더 신경 써야 했다. '블루 남성 셔츠'는 다음 달에 세일에 들어가는 상품이었다. 뻔히 다음 달에 가격이 내려갈 것을 알면서도 구매해야 했다. 필요로 구입했지만, 가성비는 '꽝'이었다. 조찬 모임 강연은 성공적이었지만, '블루 셔츠'는 내 마음을 아프게 했다.

　매출이 좋은 상품은 유행을 선도하기도 한다. 특히 계절적 수요가 강한 시즌 상품의 경우는 입소문이 금방 퍼진다. 해당 브랜드는 마케팅 및 세일즈 프로모션에 집중적으로 자원을 투입한다. 겨울에는 패딩 수요가 대단하다. 몇 년 전, 스포츠 유명스타를 광고 모델로 활용한 스포츠 브랜드는 대박이 터졌다. 소비자들 사이에서는 ○○패딩이라는 유행어가 생겼다. 해외 유명 럭셔리 브랜드들은 고객의 니즈가 많기 때문에 매출이 항상 좋다. 코로나 상황임에도 불구하고 강남의 S백화점의 매출은 신장했다. 럭셔리 브랜드는 브랜드 자체적으로 공급을 조절한다. 고객들이 상품을 사려고 해도 많이 기다려야 한다. 어떤 시계 브랜드는 고객을 심사까지 한다는 뜬소문이 돌 정도다. 유명 핸드백 럭셔리 브랜드의 특정 아이템은 주문 후 1~2년씩 기다려야 구매할 수 있는 경우도 있다. 나도 지인들로부터 구매해달라는 청탁(?)을 받은 적이 몇 번 있다. 이런 해외 럭셔리 브랜드들은 소비자들이 구매하고 싶은 욕망을 자극한다. "나도 부자가 되면 언젠가는 저 브랜드의 ○○을 살 거야"라는 '로망'을 자극한다. 이런 욕구를 더 자극하기 위해 브랜드 마케터나 의사 결정자들은 가격을 매우 높게 책정한다. 그들만의 리그에서만 살 수 있는 상품이라는 것을 상징적으로 각인시키는 마케팅 기법의 하나다.

지속해서 매출이 좋은 상품으로 유지하기는 매우 어렵다. 특히 음식 브랜드들은 트렌드가 워낙 빨라서 고객의 수요에 대응하기가 여간 어려운 것이 아니다. 대부분의 사람들이 SNS를 사용하기 때문에 인테리어도 잘해야 한다. 웬만큼 창의적이지 않다면 투자비가 많이 들어간다. 매출이 한번 뜨더라도 3개월 이상을 유지하지 못한다. 최근 우리나라에 들어온 유명 커피 브랜드도 그 명성에 비해서는 매출이 적은 상황이다. 내가 있는 곳에 맛집으로 소문난 식당도 마찬가지인데, 오픈할 때는 굉장히 선풍적인 인기를 끌었다. 돼지 갈비를 하는 식당이었는데, 대부분 돼지 갈비만 하는 식당은 어느 정도 매출이 오르면 정체된다. 돼지 갈비는 한 사람이 1인분을 먹으면 양념 때문에 물려서 더는 못 먹는다. 객단가 상승에 한계가 있다는 뜻이다. 나는 "객단가 상승을 위해 고급 삼겹살을 메뉴에 추가하면 어떨까요?"라고 제안했지만, 정중하게 거절당했다. 안타깝다. 그 브랜드 CEO는 자기만의 철학을 내세우고 있다. 존중한다. 그러나 고객이 외면하면 끝이다.

어떤 비즈니스라도 매출이 있어야 사업을 지속할 수 있다. 성장하는 사업은 매출이 계속 발생하는 원칙이 있다. 첫 번째, 고객이 왜 내 상품을 사야 하는지에 대한 이유가 분명해야 한다. 두 번째, 고객으로 만들 자원이 많아야 한다. 다시 말하면, 내 상품을 살 사람이 많아야 한다는 뜻이다. 세 번째, 우수한 판매 사원, 마케터가 있어야 한다. 내 상품을 오프라인 매장에서 팔든지, 온라인 매장에서 팔든지 고객에게 상품을 제대로 설득하고 매출을 일으켜줄 유능한 일꾼이 필요하다.

매출 좋은 상품은 고객이 찾는 상품이다. 트렌드를 리드하고 가성비 있는 상품을 팔아라.

"어떤 상황에서도 할 수 있다"를 알게 한 고객

백화점은 시즌과 기프트를 먹고 사는 업태다. 마케팅과 영업 관련 부서에서는 일 년 동안 해야 할 세일즈 계획을 미리 기획한다. 신상품 프로모션(S/S, F/W), 명절 프로모션(설, 추석), 바겐세일 프로모션(1월, 4월, 7월, 10월), 기프트 프로모션(어린이날, 어버이날, 연말) 등이 세일즈 프로모션의 핵심이다. 마케터는 일 년 계획을 마케팅 전략을 통해 풀어낸다. 매달 진행되는 프로모션이 모두 중요하다. 그렇기에 매달 집중을 하다 보면 잠깐 사이에 일 년이 훅 지나간다.

몇 년 전까지도 전단 광고와 DM이 주요 광고 수단이었지만, 요즘은 빅데이터 분석을 통해 고객들에게 맞춤으로 온라인 광고를 진행한다. 마케팅팀에 근무할 당시에 있었던 일화 하나를 소개하겠다. 4월 바겐세일을 준비하면서 상권에 투입될 광고 전단을 기획했다. 광고를 제작하는 담당자는 따로 있었고, 나는 어느 지역에, 어떤 규모로 광고 전단을 배포할 것인지를 담당하는 업무를 했다. 데이터베이스 마케팅의 원조 격이다.

모든 백화점이 전단을 만들기 때문에 눈에 잘 띄게끔 삽지되는 것이 중요했다. 그때는 점포에 있는 모든 직원이 각 지역 신문 보급소로 삽지 확인을 위해 투입되었다. 나는 '좀 더 효과적으로 고객들에게 우리 점포의 바겐세일을 알릴 방법이 없을까?' 골똘히 생각했다. 파격적이지만 효과가 있을 것 같은 아이디어가 떠올랐다. '아! ○○백화점 세일 중이라는 스탬프를 만들자.' 신문 1면에는 '○○신문, ☆☆일보'로 사명이 적혀 있다. 신문사 이름 옆의 빈 곳에 스탬프로 찍으면 된다. 나는 '○○백화점 세일 중'이라는 스탬프를 새겨서 신문 보급소로 삽지 확인 작업하러 가는 직원들에게 나누어주고 1면에 있는 신문사 이름 옆에 찍으라고 했다.

바겐세일 당일 매장 오픈 시간이 되었다. 오픈을 기다리는 대기 고객들로 꽉 차 있었다. 우리 마케팅팀은 환호성을 질렀다. 신문사 이름 옆의 공간에 찍은 '○○백화점 세일 중'이라는 내용이 고객들의 시선을 잡은 것이다. 점심쯤에 본사에 있는 마케팅 팀장이 전화했다. 목소리가 상당히 흥분된 상태였다.

"누가 신문사명 옆에 스탬프로 '○○점 세일 중'이라고 찍었어?"

"네, 제가 했습니다." 나는 대답했다.

"야! 너 때문에 내가 신문사에 불려 들어가서 해명하느라고 얼마나 진땀 뺐는 줄 알아? 겁 없이 나한테 상의도 안 하고 했나?"

나는 죄송하다고 말했다. 대한민국 언론사 문패 옆에 'ㅇㅇ백화점 세일 중'이라는 스탬프를 찍었으니 신문사가 난리 날 만했다. 그 마케팅 팀장님은 계속 이야기했다.

"내가 신문사에 가서 좀 혼나기는 했지만 잘했어! 그런 생각은 누구도 못하는데 대단하다"라며 격려하면서 전화를 끊었다. 그때의 바겐세일 매출은 상당히 좋았다.

'ㅇㅇ백화점 세일 중'이라는 스탬프를 찍을 수 있는 아이디어를 제공한 것은 고객이었다. 한 단골 고객이 맨날 야근한다며 음료수를 주시면서 격려했다. 고맙다고 말씀을 드리고 헤어지려는 찰나에 그 고객이 말했다.

"뭐 힘들게 맨날 광고를 만드세요? 나 같으면 스탬프 하나 새겨서 신문 표지에 도장 찍듯이 하겠구만."

당시에는 그 말을 흘려들었는데 이후 바겐세일 준비를 하면서 그 말이 생각나서 실행했다.

매장 현장에서 일어나는 고객의 소리는 하나도 허투루 들으면 안 된다. 애정이 있는 단골 고객들은 현장에 적용하면 개선될 내용을 많이 이야기한다. 회사에서는 매장 현장에서 일어나는 고객의 소리를 체계적으로 분류해 영업에 반영하기도 한다. SNS를 통해 올라오는 각종 댓글도 유의 깊게 살펴봐야 한다. 애정이 있어서 남기는 글들이 대부분이다. 유통업체에 근무하거나 서비스업에 관련된 직종에 근무하는 사람들은 댓글이나 고객의 소리에 영업의 힌트가 담겨 있다는 것을 명심하자.

나는 고객으로 처음 만났다가 지금은 호형호제(呼兄呼弟)하면서 가깝게 지내는 지인이 몇 명 있다. 그분들 대부분은 자수성가한 사업가들이고, 치열한 영업현장을 극복하고 지금은 어느 정도 안정적인 생활을 하는 분들이다. 이분들의 공통점은 삶을 바라보는 태도가 긍정적이다. 실행력이 강하다. 실패하더라도 금방 극복하고 일어선다. 만나는 사람들을 소중하게 생각한다. 매장의 판매 사원들에게도 반말하지 않는다. 이런 고객들은 인생의 지혜가 많으신 분들이다. 이분들에게 나는 회사 생활을 하면서 애로사항이 있을 때 여러 번의 지혜를 얻었다.

마케팅 업무를 하면서 경영학과 교수를 하는 분에게 도움을 받은 적이 있다. 이분도 매장에서 고객으로 처음 만났던 분이다. 유통업체는 제조회사의 좋은 브랜드 상품들이 모이는 곳이다. 서로 좋은 장소에 놓고 팔기를 원한다. 광고할 때도 눈에 잘 띄는 곳에 놓아주기를 원한다. 브랜드별로 서로 이해관계가 많다. 어떻게 풀어야 할지 저녁 식사를 하며 고충을 상담했다. 그분은 "개별 상품이 아무리 좋더라도 매장 전체적인 느낌이 라이프 스타일을 제안하는 형태의 모양이 나와야 한다. 의류라면 하나의 상품만을 팔 것이 아니라 티셔츠와 어울리는 바지, 신발, 모자 등 코디 제안이 이루어져야 한다"고 말씀해주셨다.

최근에는 건강과 피트니스에 대한 관심이 매우 높다. 고령화 사회를 생각하면 이러한 경향은 점점 더 현저하게 나타날 것이다. 이 같은 환경 변화를 반영해야 한다. 나는 매장 디스플레이 담당자, 층별 영업담당자들과 "앞으로 브랜드별로 전시하던 층별 디스플레이 공간을 연관 구매가 높은 상품으로 코디하겠다. 라이프 스타일을 제안하는 형태로 운영하겠다"는 내용을 의논했다. 매장에서는 처음에는 일이 많아진다는 이유로 "굳이 매출도 좋은데 바꿀 필요가 있겠는가?", "매출이 좋은 브랜드 상품만 전시하면 되는데 왜 일을 일부러 만드는가?" 하며 반대했다. 지금은 라이프 스타일을 제안하는 형태의 디스플레이가 일반적인 형태지만, 내가 과장이었을 당시에는 파격적인 제안이었다. "현장의 반발이 만만치 않을 테니, 남 과장이 꿋꿋하게 밀고 가셔야 합니다"라는 고객의 조언이 있었기 때문에 동요하지 않고 매장을 바꿨다. 고객의 설득력 있는 한마디에 매장 환경을 바꾸는 계기가 되었다. 고마운 고객이었다. 지금은 형님이라 부르며 호형호제하고 있다.

내가 다니는 교회 옆 지하 식당가에 콩나물 국밥집이 있다. 60대 아주머니가 운영하시는 곳이다. 그 집은 항상 손님이 넘친다. 메뉴는 콩나물국밥과 녹두전 딱 두 개만 있다. 아침 6시 30분에 문을 열어 오후 3시에 닫는다. 얼핏 보면 특별할 것이 없는 이 집에 왜 항상 손님들이 많은지 의아했다. 물론 맛이 좋은 것은 기본이었다. 월차를 낸 평일낮, 늦은 점심을 하기 위해서 오후 2시쯤 그 집에 갔다. 주인 사장님과 몇 마디를 나눌 수 있었다.

"사장님, 비결이 뭐예요? 항상 손님이 많아요."

사장님은 웃으며 말씀하셨다.

"뭐, 특별한 것은 없어요. 국물 맛이 깊이가 있다는 것. 이 정도 아닐까요."

겸손하게 말씀하는 사장님의 말씀에 내공이 묻어 있다. 벽에 걸려 있는 액자가 보였다.

〈국물 이야기〉'저희 가게는 전주 남부 시장 식으로 콩나물+북어+
무+멸치+다시마의 다섯 가지의 천연재료를 각기 특성에 맞게 시간과
온도를 조절해 별도의 육수를 뽑기 때문에 뚝배기를 팔팔 끓이지 않는
게 특징입니다. 너무 뜨거운 음식은 쓰린 속을 더욱 상하게 하며 건강
에 좋지 않습니다. 저희 국물은 식어도 맛이 변하지 않고 오히려 제맛
이 납니다.'

나는 몇 마디 더 건넸다. "액자의 국물 이야기가 멋있네요."

사장님은 나의 말에 고마워하며 추가로 말씀하셨다. "손님은 언제나
변하지 않는 진심에 또 찾아와요. 맛을 항상 일관성 있게 유지하려고
노력해요. 재료는 내가 알고 있는 최고의 것만을 사용하죠. 항상 밝은
모습으로 손님을 맞이해요. 누가 뭐라 해도 영업 중에는 화를 내지 않
아요. 더 많이 팔려고 욕심내지 않고요. 가격은 되도록 올리지 않아요.
어떤 상황에서도 안 된다는 생각을 해본 적은 없어요."

편하고도 평범하게 말씀하셨지만, 역시 잘되는 집은 뭐가 달라도 다
르다는 것을 느꼈다.

마케팅하는 사람들은 매출이 안 좋을 때 "상품을 똑바로 만들어야
제대로 마케팅을 할 텐데"라며 상품을 만드는 파트에 원망을 보낸다.
거꾸로 상품을 만드는 쪽에서는 "제대로 상품을 만들었으면 마케팅을
잘해야 할 거 아냐?"라며 볼멘소리를 한다.

내가 볼 땐 둘 다 똑같다. 콩나물 국밥집 사장님의 말씀을 살짝 비틀

어 적용한다.

"누가 뭐라 해도 맡은 업무에 핑계 대며 화내지 않는다."

"어떤 상황에서도 안 된다는 생각을 하지 말자."

내가 만나는 모든 고객의 소리에 귀를 열어라. 진정성을 갖고 대하라. 생각하며 실행하라.

03

태도가
매출을 결정한다

태도가 좋아야 성공한다. 개인이든 기업이든, 가장 중요한 요소를 꼽는다면 단연 태도다. 주위의 성공한 사람들은 대부분 태도가 다르다. 말하는 태도, 행동하는 태도, 일하는 태도 등 일상생활의 모든 태도와 임하는 자세가 남다르다. 운동을 처음 배울 때 자세부터 배운다. 세계적인 골프 선수들도 개인 코칭을 받는다고 한다. 자세가 모든 것이기 때문이다.

사람들은 첫인상을 중요시한다. 말의 내용보다는 비언어적인 요소에 절대적인 영향을 받는다. 비언어적인 요소는 얼굴 표정, 자세와 태도, 목소리 등이다. '무엇을 말하는가?'보다는 '어떻게 보이는가?', '어떻게 말하는가?'에 더 영향을 받는다고 한다. 사람을 뽑을 때도 매우 중요하게 고려되는 요소다. 회사 동료나 지인 중에 '미워할 수 없는 사람'이 한두 명씩은 있을 것이다. 그 사람들을 잘 관찰하면 공통점이 있다. 자세가 좋다는 것이다. 실수하더라도 밉지 않다. 태도가 항상 밝고 긍정적인 말씨를 쓴다. 내가 아는 CEO는 항상 "실력은 종이 한 장 차이야. 애티튜드가 90% 이상 그 사람의 됨됨이를 결정하는 거야"라고 말한다.

아내가 단골로 가는 매장이 있다. 가까운 곳도 있는데 굳이 항상 멀리 있는 그 단골 매장에 간다. 어느 날인가 따라가 봤다. 판매 브랜드 매니저는 인상이 좋았고 신뢰가 갔다. 상대방에게 느껴지는 삶의 분위기, 온화함, 겸손함은 나를 편안하게 했다. 꼭 무엇을 사야 한다는 경계심이 풀렸다. 아내는 겉옷을 사러 간 거였는데, 나올 때 보니 쇼핑백에는 코디해서 입을 수 있는 이너 웨어, 블라우스 등 이것저것 해서 네다섯 가지의 의류들이 담겨 있었다. 아내는 행복해 보였다. 나도 즐거웠다.

백화점의 경우, 브랜드들이 교체될 때 가장 신경 쓰이는 부분은 새로 들어오는 브랜드 판매 사원이다. 어떤 판매 사원이 오느냐에 따라서 브랜드 분위기가 바뀐다. 동일한 상품, 비슷한 브랜드 내에서도 매출 차이가 클 수 있다. 베테랑 매니저들은 주변 브랜드와도 잘 지내며 리더십을 발휘한다. 유능한 매니저가 있으면 영업팀장이나 마케팅팀장들은 일하기가 훨씬 수월하다. 영업팀장들은 브랜드 본사(협력회사)에 태도가 좋은 매니저를 보내달라고 협조를 구하는 것이 중요한 일상이다.

아동복의 경우, 매출이 지속해서 하향 추세다. 2020년에는 코로나

19의 영향으로 아이들이 학교 등 밖을 나가는 횟수가 적었다. 모든 연령대의 의류 매출이 좋지 않았지만, 아동복은 특히 좋지 않았다. 저출산, 코로나19, 소비의 양극화 등 아동 장르의 경우 진퇴양난의 시기를 보내고 있다. 그런데 유독 매출이 신장하는 A브랜드가 있다. 유능하기로 소문난 매니저다. 예전에 나랑 같이 근무했던 인연이 있어서 점포에 방문할 때는 한 번씩 들러 인사를 나누는 사이다. 그 매니저는 고객들 사이에서 고모나 이모로 통한다. 고객들과 의사소통을 잘하고, 항상 아이에게 맞도록 상품을 제안한다. 그리고 '가성비' 있게 가격을 맞춰준다. 고객들은 젊은 엄마들이 대부분이다. 아이 특성에 맞게 상담까지 한다. 또한 'ㅇㅇ엄마', 'ㅇㅇ할아버지' 등 고객을 보면 다 기억한다. 고객들의 집안 사정을 속속들이 알고 있다. 많이 알고 있지만 절대로 옮기지 않는다. 입이 무겁다고 소문날 정도다. 무엇보다 그 매니저의 장점은 인상이 좋다는 것이다. 나의 아이들도 A브랜드의 옷을 입고 성장했다.

매출이 좋지 않거나 뭔가 달라지고 싶은데 개선되지 않아 고민이라면 삶의 태도를 바꿔야 한다. 우리가 매일 선택하는 것들은 자신의 태도에 의해 결정되는 것이 대부분이다. 누구를 만날 것인가, 어떤 장소에 갈 것인가, '예스'라고 할 것인가, '노'라고 할 것인가, 고객에게 상품을 어떻게 제안할 것인가 등 수많은 결정의 순간들은 나의 태도에 따라 달라진다.

이왕 살아가는 삶, 나의 내면의 소리에 귀 기울여보자. 내면의 소리대로 따라가보자. 당당하게 살아보자. 고객들에게 주눅 들지 말자. "나는 고객의 행복을 높여주는 프로 판매 사원이다"라고 매일 아침 스스로 독백으로 외쳐보자. 하루의 생활이 달라질 것이다.

매출이 안 좋을 때 '원래 불경기야 경쟁 브랜드도 안 좋은데 뭘!'라며 체념하지 말아야 한다. 뭐라도 하자. 집 지키는 강아지처럼 멍하게 서 있지 말아야 한다. 고객이 없을 때는 상품 리스트를 점검하든지, 고객 분석을 하든지, 매장 진열을 바꾸든지 생각을 지속해서 움직여야 한다. 일주일 정도만 해보라. 달라진 자신의 태도에 자부심을 느낄 것이다. 지금의 나의 모습은 과거에 생활했던 나의 행동과 생각의 결과다. 과거에 어떤 형태로 살았는지 불문하고, 현재의 모습을 인정해야 한다. 현재의 모습이 불만족스럽다면 바뀌려고 노력하면 된다. 이것저것 안 되는 핑계를 만들지 말자.

예전에 쿠폰 마케팅 기획을 할 때였다. 나는 마케팅팀 선임 역할을 하면서 기획 업무를 했다. 현재 디지털로 변환되어 시행되는 모바일 쿠폰 마케팅의 원조 격인 셈이다. 고객들에게 보내는 DM에 제휴 쿠폰북을 넣어 고객들에게 보냈다. 고객들은 다양한 문화 이벤트 및 할인상품 리스트가 들어 있는 쿠폰북을 보고 매우 즐거워했다. 쿠폰북은 집객을 위한 최고의 수단이 되었다.

당시 문화 이벤트 담당이었던 후배 사원을 잊을 수 없다. 그 친구는 항상 긍정적이었다. 나는 쿠폰북에 넣을 대학로 공연 티켓을 기획할 것을 지시했다. 당시로선 유통업계 최초로 대학로 연극계와 제휴하는 아이템이었다. 그 후배 사원은 조금도 주저하지 않고 "재미있을 것 같은데요. 해보겠습니다. 일주일 동안 저를 찾지 마세요"라고 말했다. 다음 날, 그 친구는 진짜로 출근을 하지 않고 바로 '대학로'로 갔다. 공연계 사람들을 만나면서 쿠폰에 들어갈 양질의 공연 프로모션들을 확보했다. 그 후 매달 발행하는 DM에 공연 제휴 프로모션은 필수 아이템이 되었다. 점포 매출이 상승한 것은 당연했다. 이런 동료들과 일을 하면 즐겁다. 태도가 좋다. 긍정의 에너지를 발산하고 있어서 말을 걸기도 쉽다. 무슨 이야기를 하더라도 포용하려고 노력한다. 업무 후 집에 가는 길에 소주 한잔을 하더라도 즐겁다. 업무 성과가 좀 덜 나더라도 서로 격려하며 다음을 차근차근 준비할 수 있다. 이 후배 사원은 팀의 에너자이저였다.

무슨 일을 하더라도 '업'의 본질은 같다. 최고의 노력을 해야 한다. 사람들과 균형감 있게 공감하고 소통해야 한다. 조직 생활을 한다면 규칙을 따라야 하며, 자신을 컨트롤할 줄 알아야 한다. 변화 이전의 모습이 '잘못된 것'이고, 변화 후의 모습이 반드시 '선'은 아니다. 직장이나 학교에서 조직생활을 하다 보면 항상 '뒷담화'의 대상이 되는 사람이 있고, 주로 '뒷담화'를 하고 다니는 사람이 있다. 그러나 '뒷담화'의 대상이 될지언정 '뒷담화'를 하고 다니지는 말자. 사회생활을 하면서 조금은 둔감해질 필요가 있다. 심플하게 생각할 필요가 있다. 자신만의 태도를 만들어야 한다. '아! 저 친구는 항상 밝은 표정이야!', '아! 저 분은 항상 인상이 좋아!', '아! 저 동료는 언제 봐도 믿음직해!', '저 판매 매니저는 내가 필요한 것이 무엇인지 잘 알아!'

지금 바로 옆에 있는 사람이 누구인가? 사랑하는 사람이라면 처음 만났을 때를 떠올려보자. 그 사람의 태도, 자세, 인상 등이 좋아서 계속 만나다가 사랑한 것은 아닌지 생각해보자.

마케터나 세일즈맨, 또는 판매현장에 있는 사람이라면 태도가 중요하다는 것은 많이 들어서 알 것이다. 태도는 그 사람을 가장 '나답게' 만드는 표현이다. 매출이 부진하다고 고민하지 말자. 내가 안 좋으면 남도 안 좋다. 단, 한 곳만 앞서가자. 작은 성공들을 모으자. 하루하루 좋았던 기억만 일기에 써보자. 일이 마무리가 잘 안 되었더라도 여러 일 중 하나 정도 잘된 일을 찾아 일기에 써보는 것이다. 그것도 없다면 잘된 느낌으로 상상해서 잘된 것처럼 적어라. 기분 좋아진 나를 발견하게 될 것이다.

고객을 항상 밝은 태도로 맞이하자. 긍정의 언어로 상품을 설명하자. 구매를 망설이는 고객에게는 강요하지 말고, 잠시 고객의 입장을 공감하자. 그런 후 전문가의 태도로 상담하자. 당신의 사려 깊은 행동에 거의 모든 고객이 상품을 구매할 것이다.

조금씩 긍정의 태도를 보이도록 연습하자. 고객은 나의 태도를 보고 구매한다. 태도를 바꾸자!

고객을 찾지 마라,
찾아오게 하라

자영업 사장들이나 판매 사원들은 하루에도 수십 번 생각한다. '왜 고객이 우리 매장에 안 올까? 고객이 오기만 하면 잘 팔 수 있는데….' 다른 매장들을 살펴본다. 수많은 소매업에 종사하는 모든 사람은 고객의 관심을 받고 매출을 일으켜야 성장할 수 있다. '고객만 오면 잘 팔 수 있는데…'라는 생각은 너무 안일하다. 나의 매장에 와야 할 분명한 이유가 있고, 그 이유를 실천하고 있는가? 말은 쉽지만, 굉장히 어렵다. 어렵다는 이야기는 매장(브랜드) 운영에 대한 전문성과 정체성이 없다는 것이다. 매장 문을 열어놓는 것과 경영을 한다는 것은 상당히 다르다. 가맹 점포로 운영하는 자영업자들이 많이 실수하는 부분이다. 장사가 잘된다고 해서 프랜차이즈 가맹을 하고 문을 열었는데, 인건비만 나가고 고객은 오지 않는 경우가 태반이다. 경영을 해야 한다. 가맹점을 하더라도 본사에 의존하지 않고 자신만의 경영 전략을 세워야 한다. 오는 고객들을 면밀하게 분석하고, 본사에 상품을 의뢰하는 선순환 시스템을 독자적으로 만들어야 한다. 시행착오가 쌓이면서 작은 성공들이 모여 고객들은 자연스럽게 늘 것이다.

강남에 내가 잘 가는 한식집이 있다. 이 집은 꽤 소문이 많이 난 맛집이다. 갈비탕이 별미다. 매일 점심 50그릇으로 한정 판매한다. 늦게 가면 먹는 것을 포기해야 한다. 갈비탕으로 돈을 버는 것이 아니다. 이집의 주메뉴는 한우다. 저녁에 가면 육회를 서비스로 준다. 인심도 후하다. 물론 재료의 신선도는 기본적으로 좋다.

또 다른 집이 있다. 방배동에 있는 한식집이다. 이 집도 꽤 유명하다. 파 육개장이 별미다. 점심에만 판매한다. 이 집은 한우를 드라이에이징을 해서 판매한다. 드라이에이징이란 일정 온도, 습도, 통풍이 유지되는 곳에서 고기를 공기 중에 2~4주간 노출시켜 숙성시키는 건식 숙성 방법이다. 이 집도 파 육개장으로 돈을 버는 곳이 아니다.

내가 가끔 손님들과 비즈니스 모임이 있을 때 가는 이 두 집은 같은 한우를 전문으로 하는 식당임에도 불구하고 각자의 영업 방법이 다르다. 직원들은 친절하고 재료는 신선하다. 가성비가 있다. 이런 말들은 SNS로 실시간으로 전파되는 세상에서 기본 중의 기본이 되었다.

처음 매장을 오픈하게 되면 다들 생각한다. '우리 매장으로 고객을 어떻게 하면 오게 할까?' 대다수의 자영업 하시는 분들은 '전단'을 먼저 생각할 것이다. 주로 음식점이나 학원을 개원하는 사람들이 많이 한다. 아파트 문에 붙어 있는 '전단' 광고를 많이 보았을 것이다. 그런데 이것이 효과가 있을까? 내가 사는 아파트에는 중국집 광고가 많다. 대부분 '전단' 또는 냉장고에 붙일 수 있도록 미니 자석이 부착된 '광고스티커'다. 이 광고들을 보면 주장하는 포인트가 없다. 메뉴를 나열한 것에 그치는 경우가 많다. 내가 중국집 사장님이라면 "짜장면이 특별히 맛있습니다", "탕수육을 시키시면 직접 손으로 만든 군만두를 서비스로 드립니다"와 같이 메뉴 한두 가지에 집중해서 주장을 분명히 하겠다.

짧은 승부가 아닌, 긴 승부를 해야 한다. 작은 가게일수록 전단의 효과는 없다. 긴 승부를 한다는 생각으로 매장을 방문하는 고객들에게 추가 서비스를 독특하게 하는 것이 좋다. 삼계탕 먹을 때 인삼주를 넣어 먹으라고 주는 삼계탕집이 꽤 있는데 이것을 응용하자. 식당에 온 고객에게 술잔이 비었을 때, "저의 시골에서 직접 담근 약술입니다. 맛 좀 보세요"라며 진심으로 고객을 응대해보라. 저절로 입소문이 나서 얼마 가지 않아 고객이 스스로 찾아오는 식당이 될 것이다. 확신한다. 전단에 가격할인 행사의 내용을 광고하는 것이 아니라 그 비용으로 매장을 찾아온 고객들에게 후한 서비스를 해 다시 찾게 만드는 것이 훨씬 유용한 마케팅 방법이다.

매장 인테리어를 참신하게 해야 한다. 돈을 많이 투입하라는 이야기가 아니다. 사장님의 경영 철학이 인테리어에 담겨 있어야 한다. SNS를 적극적으로 활용해야 한다. 조급한 마음에 파워 블로거 등 지명도 있는 인플루언서를 활용하는 분들이 많은데, 이 방법은 권하지 않는다. 매장 오픈할 당시만 반짝했다가 움츠러들 수 있다. 사장님이 직접 SNS를 활용해 진정성 있는 콘텐츠를 지속해서 제공하면 더 빨리 원하는 궤도에 오를 수 있다.

즐거운 매장은 고객이 찾아온다. 오프라인 매장의 장점은 고객에게 오감의 만족을 제공할 수 있다. 매장에서 보고, 듣고, 냄새를 맡아보고, 질감을 느껴보고, 맛을 볼 수 있다. 오감만족 즐거운 매장이 될 수 있다. 판매되는 상품에 따라 중요한 마케팅 포인트가 된다. 고객들은 자동으로 SNS에 올릴 것이다. 생각보다 빨리 고객들이 선순환되는 매장이 될 수 있다.

강남 S백화점 지하 1층에는 화장품 편집 숍이 있다. 그 매장의 담당자로부터 여러 이야기를 들었다. 처음 오픈했을 때는 생소했다고 한다. 전통적으로 백화점에서는 화장품 매장에 고객이 방문하면 직원들이 메이크업 체험을 도와주는데, 고객이 스스로 메이크업 체험을 할 수 있도록 '체험 존'을 만든 백화점 최초의 매장이다. 입소문이 점점 나면서 코로나19 상황이 오기 전까지는 인기가 꽤 있었다. 젊은 고객들이 찾아오는 매장이 되었다고 한다. 이런 인기를 바탕으로 30여 개의 매장을 오픈했다. 고객들에게 즐거움을 제공한 것이다.

F&B(음식, 음료) 매장이라 부르는 식당가들은 더욱 심하다. 이름만 대면 알 수 있는 유명한 음식점들과 베이커리 맛집들이 동네마다 들어선다. 내가 근무했던 강남의 S백화점 식품 판매장에 있는 유명 디저트 빵집들은 고객들의 기다리는 대기 줄이 일상이 되었다. 회사에서 홍보했다기보다는 고객들의 자발적인 입소문을 통해 홍보가 된 것이다.

나라 전체가 미디어의 발달로 콘텐츠와 광고 분야에서는 SNS의 광풍이 몰아치고 있다. 유튜브, 인스타그램, 페이스북 등이 활성화되고 있다. 그 어느 때보다 고객들의 자발적인 전파가 필요한 때다. 자극적인 광고가 아니라 훌륭한 상품, 재미있는 콘텐츠, 진정성 있는 스토리 등을 전파할 고객들이 필요하다. 최근에 가치 있는 값비싼 물건을 산 적이 있는지 생각해보자. 그것을 구입하는 데 가장 큰 영향을 준 것은 광고가 아니라, 그 상품에 대한 입소문이었을 것이다.

대부분 자영업을 시작하는 분들은 '매출 목표를 얼마 해야지', '시간이 흐르고 3개월, 6개월 정도만 지나면 매출이 안정적으로 나오겠지'라고 생각한다. 정해진 시간에 가게 문을 여닫는다. 고객이 방문해주고, 장사가 잘될 때는 흐뭇하다. 그러다 부진할 때는 '오늘 손님들이 다 어디 간 거야, 왜 안 오나?' 막연한 걱정을 한다. 매장 운영에 대한 분명한 방향이 없다. 계획을 세우되 액션 플랜이 약하다. 나만의 매장 운영에 대한 철학이 없다. 예측할 수 없고 늘 불안하다. 고객을 매장에 오게 하는 힘, 고객이 구매할 수 있게 하는 힘, 고객이 상품에 만족해 많이 사게 하는 힘, 고객이 계속 방문해서 사주는 힘과 고객이 스스로 찾아와서 힘을 보여줄 수 있는 매장이 일단 만들어지기만 하면 안정적으로 재미있게 사업을 운영할 수 있다.

브랜드 매니아들은 어떤 사람들일까? 그 브랜드의 상품과 서비스를 구매하고 그 가치를 신뢰하는 사람들이다. 부탁하지 않아도 고객의 소리를 제공하며 격려해주고, 다른 지인들에게 줄 선물로 그 브랜드의 상품을 선택한다. 자신의 가족, 지인, 회사 동료들에게 그 브랜드를 추천하며 응원한다. 이들은 왜 그 브랜드에 이토록 열성적일까? 그것은 본인이 직접 경험했던 좋은 추억과 체험을 통해 다른 사람들에게도 도움이 되기를 원하기 때문이다. 나는 이것을 우리 회사 본점에 근무할 때 많이 경험했다. 고객의 일생을 같이 살아온 것이다. 20대였던 고객이 지금은 할머니가 되어 20대 손녀와 쇼핑을 하는 모습을 많이 목격했다. 또한, 이런 단골 고객들에게는 회사의 성공을 돕고 싶은 마음도 있다. 내가 사원 시절 만났던 나와 비슷한 또래의 고객이 있다. 그분은 지금 어엿한 중견기업의 CEO가 되어 고객의 성공과 회사의 성장을 비교하며 뿌듯해한다. 이런 단골 고객이 최고의 마케터이자 홍보대사다.

고객에게 진정성 있는 가치를 선물하라. 고객이 최고의 홍보대사가 되어 찾게 될 것이다.

05

똑똑한 고객을
내 편으로 만드는 법

모든 사람은 고객의 입장에서 날마다 고객 서비스를 경험한다. 출근 전에 인터넷으로 주문한 새벽 배송에서부터 근무 중간에 짬을 내서 주문한 소소한 생필품을 퇴근 후 집에서 받아본 경험이 있을 것이다. 주말에 가족들과 외식을 하며 즐거운 오후를 보낸 경험, 백화점에 들러 사랑하는 사람에게 줄 소중한 선물을 구매한 추억, 모두 고객이 되어 경험한 삶의 여정이다. 고객의 입장에서 하루를 보내며 어떤 생각을 했는가? 존중과 감사의 느낌을 받은 적도 있고, 짜증과 무시당하는 느낌을 받은 적도 있을 것이다. 우리는 어떤 대접을 받느냐에 따라 해당 브랜드의 지속적인 사용 여부를 결정한다. 나는 집으로 배송 온 상품의 포장 상태가 불량해 바로 브랜드를 바꾼 경험이 있다.

이제 입장을 바꿔 생각해보자. '나의 고객에게 우리는 어떻게 하고 있나?' 고객은 점점 더 똑똑해지고 있다. 사람들의 심리적인 첫인상 평가 시간도 지속해서 단축되고 있다. 1980~1990년대는 90초 안에 결정되었다. 2000년대 초반에는 4~7초 사이에 결정했다. 2005년에 출간된 말콤 글래드웰(Malcolm Gladwell)의 저서 《블링크》에 의하면 2초 안에 첫인상이 결정된다고 한다. 마케터나 세일즈맨들은 점점 더 스마트해지는 고객을 상대해야 한다는 뜻이다.

고객이 이용하던 브랜드에서 돌아서는 이유에는 여러 가지가 있다. 상품에 대한 불만, 먼 곳으로 이사를 해 불가피하게 이용을 못 하는 경우, 자신을 대하는 태도에 대한 불만 등. 이 중 거의 대부분은 상품을 구매할 때 자신을 대하는 모습에 화가 나서 돌아선다고 한다. 평소에 조용한 고객들은 말없이 떠난다. 극히 일부의 고객들이 현장에서 바로 컴플레인을 하는 것이다. 말없이 떠난 고객을 다시 오게 하는 것은 정말 어렵다. 현재 보여주는 단골 고객의 모습을 당연한 것으로 여겨선 안 된다. 떠나간 고객은 다시 오게 해야 한다.

마케팅 업무에는 떠나간 고객을 다시 오게 하는 '이탈 고객 모시기'라는 방법이 있다. 정성이 많이 들어간다. 마케팅 비용도 상당히 써야 한다. '고객이 첫 방문 했을 때 제대로 했다면 이런 일은 없었을 텐데…' 아쉬움을 많이 토로하며 마케팅 프로모션을 했다. 떠난 고객을 다시 불러들이기 위해 시계열 분석을 했다. 언제부터 이탈이 되었는지 최근 6개월을 점검해본다. 1년 전부터 안 오는 고객은 거의 완전히 이탈된 것이다. 구매 분석을 한다. 어느 상품을 이용하다가 이탈했는지 드러난다. 예를 들면 백화점의 식품, 생활, 의류를 이용하던 고객이 다른 상품군은 지속적으로 이용하는데, 식품을 이용하지 않는다면 그 고객은 식품에 불만이 있는 것이다.

내가 경험한 이탈 고객의 사례를 소개한다. 중견 회사를 운영하는 사장님이었다. 그분은 설, 추석 명절마다 상당한 양의 청과, 정육 상품들을 지인들에게 선물로 보내는 분이었다. 매년 선물 명단이 조금 바뀔 뿐, 거의 동일한 고급 선물세트를 구매했다. 나는 식품팀장은 아니지만, VIP 고객이었기 때문에 내가 직접 고객을 상담하고 응대했다. 나는 상품을 종류별·가격대별로 잘 응대했다. 고객도 만족했다. 나는 상품 상태, 고객 선물 리스트, 배송할 장소까지 꼼꼼히 챙기라고 식품팀에 특별히 주문했다. 추석 선물들은 약속된 일정에 배송이 완료되었다. 며칠 후 그 고객이 나에게 전화를 했다.

"남 팀장님, 실망했습니다. 어떻게 하셨기에 이번 추석 선물들이 엉망으로 전달된 겁니까?"

금시초문이었다. 고객은 계속 흥분해서 말을 이어갔다.

"고기를 좋아하지 않는 분에게 고기가 전달되고, 잣 알레르기가 있는 분에게 잣 기프트가 배송되고 이게 뭡니까?"

황당했다. 이런 일은 있어서는 안 될 중요한 문제였다.

"사장님, 죄송합니다. 제가 챙겨보고 다시 연락드리겠습니다. 제가 책임지고 해결하겠습니다. 다시 한번 죄송합니다."

"다 필요 없습니다. 불쾌합니다. 믿고 맡겼는데."

전화를 툭 끊어버렸다.

나는 즉시 식품팀 사무실로 갔다. 그분이 구입한 상품 리스트와 배송할 곳을 꼼꼼히 다시 점검했다. 별도로 내가 가지고 있던 리스트와도 대조했다. 아뿔싸! 10여 개가 내가 가지고 있는 리스트와 달랐다. 나는 식품팀장을 불렀다. 질책했다. 식품팀장도 황당해했다. 추석, 설과 같은 대규모 명절 행사를 할 때는 임시 직원들을 채용해 주소확인팀을 가동한다. 직원의 실수로 10여 개 리스트가 밀린 것이다. 최종단계에서 확인을 못 한 나의 잘못이었다. 과거의 사례를 볼 때 주소가 밀려서 잘못 배송된 적은 없었다. 나는 중간 과정까지만 체크했다. 입이 열개라도 할 말이 없었다. 무조건 내 잘못이었다. 그 고객님께 전화했다.

"죄송합니다. 열 개의 선물이 받으신 분과 주소가 일치하지 않았습니다. 제 잘못입니다. 열 분의 고객들을 제가 직접 찾아뵙고 사과드리겠습니다. 선물은 고객께서 주문하신 것으로 새로 준비해드리도록 하겠습니다."

"알아서 하세요. 다시는 거래하지 않겠습니다."

고객은 다소 진정되기는 했지만, 여전히 냉랭했다. 어찌하겠는가? 내 잘못인 것을…. 전화를 끊고, 나는 즉시 열 곳의 선물 받을 고객들에게 자초지종을 이야기하고 직접 찾아가서 배송을 마무리했다. 시간이 좀 흐른 뒤에 전화를 드렸다.

"그때의 일은 너무 죄송했습니다. 제가 식사라도 대접하고 싶습니다."

그 고객과 식사 약속을 했다. 부드러운 분위기로 진행은 되었지만, 그 고객은 다음 명절인 설날 선물은 다른 곳에서 했다. 나는 지속적으로 안부 전화를 했다. 그 고객은 추석 때부터 다시 나에게 선물을 부탁했다. 나의 정성에 마음이 움직였다고 했다.

돌아선 고객을 다시 오게 하는 것은 헤어진 연인을 다시 만나는 것보다 힘들다. 마케팅팀에서 이탈 고객 프로모션을 많이 함에도 불구하고 다시 매장을 찾을 확률은 20% 이하다. 요즘 고객들은 현명하다. 본인들의 의견도 거침없다. 이탈한 고객을 다시 불러들이게 하는 비용은 기존 고객에게 들어가는 비용의 다섯 배 정도다. 기존 고객들을 내 편으로 만들어야 할 이유다.

매장에서 고객을 잘 대하는 방법은 없을까? 대부분의 사람들은 남에게 호감을 얻고 싶어 한다. 감사한 마음을 주고받는 것을 좋아한다. 고객들은 이용하는 브랜드와 상호작용하며 경험한다. 나쁜 경험, 좋은 경험, 중립적 경험 등으로 구분할 수 있다. 좋은 경험을 많이 할수록 브랜드에 대해 좋은 감정을 품게 된다.

고객이 매장에 방문했을 때 고객의 이름을 기억하면 너무들 좋아한다. 밝은 표정으로 맞이하며 "○○고객님, 어서 오세요. 오늘은 분위기에 맞는 ○○ 색깔의 옷을 입으셨네요"라고 말하면 된다. 간단하다. 하지만 이 간단한 멘트를 하는 판매 사원은 일부다. 왜냐하면, 고객 이름을 모르기 때문이다. 항상 판매한 후에는 고객 얼굴과 이름을 연상하고 메모하면 좋다. 누구나 이름을 기억해주는 사람에게는 무조건 호감을 느끼게 된다.

당당하게 응대해야 한다. 하지만 잘난 척은 금물이다. 매장에 방문하신 고객이 "어머! 우리 매니저님은 참 예쁘세요. 옷도 너무 멋지게 입으시네요"라고 말한다면, 어떻게 응대할 것인가.

"아! 예, 제가 좀 이쁜 건 사실이에요. 옛날에 좀 인기가 있었어요"라고 한다면 어떻게 될까? 방문한 고객은 상품만 뒤적뒤적하다가 다른 곳으로 옮겨갈 확률이 매우 높다. 이런 경우에는 "예! 고맙습니다. 그렇게 봐주시니 영광입니다. 제가 입고 있는 옷이 돋보이게 한 것 같아요"라고 응대하면 어떨까? 이 책의 독자들은 결과를 대충 짐작할 수 있을 것이다. 말 한마디의 위력이다.

브랜드에 불만이 있는 고객의 대다수는 조용히 이탈한 후 다시는 돌아오지 않는다. 음식점 브랜드는 더욱 그렇다. 매장에 방문한 고객들이 지속적으로 말하게 해야 한다. 말하다 보면 불만스러운 점, 개선할 점을 이야기한다. 매장에서 바로 불만을 이야기하지 않은 고객은 주변 사람들에게 이야기한다. SNS에 본인의 불만사항을 올릴 확률이 높아진다. 매장에 온 고객을 침묵하게 하면 안 된다. 유능한 판매 사원이나 사장님들은 고객들의 살아가는 깊은 이야기를 들으면서 삶의 컨설턴트 역할도 한다. 고객을 좋아해야 한다. 고객은 나의 상품을 사주는 소중한 분이다. 머리로만 인식하지 말고 마음을 담아 좋아하자. 고객이 구매하고 돌아간 후에 판매 사원들끼리 '뒷담화'하는 상황을 만들지 마라. 고객은 본인을 진정으로 대하는지, 아닌지 본능적으로 안다.

똑똑한 고객은 흔들리는 갈대와 같다. 나의 팬이 되게 해야 한다. 진정성 있는 프로가 되어라.

세일즈맨에게 제일 중요한 기술은 '화술'이다

　사람은 태어나면서부터 "나 세상에 태어났어요"라는 의미로 "응애" 하며 힘차게 운다. 울음소리, 그것도 말이다. '말'이라는 단어를 네이버 사전에서 찾아본다. '사람의 생각이나 느낌 따위를 표현하고 전달하는 데 쓰는 음성 기호. 곧 사람의 생각이나 느낌 따위를 목구멍을 통해 조직적으로 나타내는 소리를 가리킨다'라고 되어 있다.

　우선 엄마와 아이와의 관계가 시작된다. 아이의 울음소리를 들으면서 엄마들은 배가 고픈지, 응가가 마려운지, 기분이 좋은지 안 좋은지 귀신같이 알아낸다. 아이가 '엄마'라는 단어를 입에서 내뱉을 때 모든 가족은 환호한다. 얼마나 듣고 싶은 단어였던가. 엄마, 아빠들은 가까운 친척들에게 전화한다.

　"우리 아이가 '엄마' 소리를 했어요."

　주변에선 감탄과 격려의 응원들이 쏟아진다. 아기의 울음소리는 엄마를 향한 의사표시다. 같은 울음소리라도 분위기가 다르다. 느낌이

다르다. 엄마는 다 알아듣는다. 태어나면서 시작된 인간관계는 평생 이어진다. 좋든지 싫든지 '말'을 하고 살아야 한다. 이왕이면 '말' 잘하는 사람이 되고 싶다. 말 잘하는 사람이 사회적으로 성공하는 것을 주변에서 많이 본다.

마케터나 세일즈맨은 고객과의 '말'을 어떻게 하느냐에 따라서 성공이 판가름 난다. 나는 회사생활의 대부분을 마케팅 분야의 업무를 했다. 상사가 지시한 '말'을 정리해 마케팅 계획서에 옮겼다. 정리한 생각들을 보고서로 작성해 '말'로 발표했다. '말'로 발표하다가 혼나기도 하고 칭찬을 받기도 했다. 서로 주고받는 '말'에 영향을 받아 일희일비했다. 신규 프로젝트를 담당했을 때의 일이다. 프로젝트 투자비에 관련된 회의였다. 준비된 발표를 하고 질의 시간이 되었다. 한 임원이 나에게 질문했다.

"경기가 어려운데 너무 많은 투자비를 계획한 것 아닙니까?"
투자비 여력이 없는 상태에서 가계부 쓰듯이 정밀하게 계획을 짠 계획인데 그런 질문을 받았다. '여기서 밀리면 끝장이다'라는 생각이 들었다. 나는 공격적인 표현을 써가며 방어했다. 사장님이 말했다.
"남 부장 말에도 일리가 있다. 제대로 만들자. 단, 효율적으로 다시 한번 투자비를 검토해서 내 방에서 봅시다."
그 일이 있고 난 뒤, 친한 임원이 나에게 식사를 하며 충고했다.
"남 부장의 충심은 알겠는데 너무 자기 논리를 공격적으로 방어하는 경향이 있어."

아차 싶었다. 나의 말 습관이 그랬다. 말해준 선배 임원이 고마웠다. 그 이후, 나의 말 습관을 생각하며 많이 노력했다.

우리가 만나는 모든 사람은 고객이다. 어떤 상황이든지 기분대로 이야기하는 것이 아니라 생각한 후에 해야 한다. 마케터나 세일즈맨처럼 상품과 서비스를 팔아야 하는 사람들은 더더욱 자기가 쓰는 '말'을 점검해야 한다. 몸을 만들기 위해 피트니스 센터에서 노력하듯이, 세일즈 화술도 노력하면 개선될 수 있다.

매장에 고객이 방문했을 때, 고객이 진짜로 듣고 싶어 하는 멘트가 무엇인지 생각해야 한다. 내 생각을 주입하면 안 된다. 사람마다 살아온 배경이 다르기에 같은 상품을 놓고도 생각하는 것이 다를 수 있다. 고객층에게 맞는 내용을 찾기 위해 노력해야 한다. 너무 스트레스받지는 마라. 아무리 고객이 상품에 대해 알고 매장에 오더라도 판매하는 매니저보다 많이 알 확률은 낮다. 당당하게 하되 진심 어린 화술을 써야 한다. 물론 상품을 완벽하게 아는 것은 기본이다.

우리는 어려서부터 이런저런 '말'들을 주고받으며 살고 있다. 각자의 인생들을 살면서 '말' 때문에 상처를 받고 '말' 때문에 기분이 좋아지는 경험도 한다. 말과 관련된 '속담'이 매우 많다. 그중 몇 개만 보자. '말한마디에 천 냥 빚도 갚는다', '발 없는 말이 천 리 간다', '가는 말이 고와야 오는 말이 곱다', '말 뒤에 말 있다', '길이 아니거든 가지 말고 말이 아니거든 듣지 마라' 등. 그만큼 인생을 살면서 '말'이 중요하다는 뜻일 것이다.

영업현장에서 쓰는 '말', 화술은 성과로 이어져야 한다. 고객에게 '이 상품을 사면 고객의 삶에 어떤 가치가 플러스되어 좋아진다'라는 정보가 들어 있어야 한다는 것이다. 붕어빵 하나를 팔아도 옛날 추억이 생각나게끔 멘트해야 한다. "옛날 교문 앞에서 먹던 추억의 붕어빵입니다"라고 판매해보자. 고객은 추억이라는 가치를 사 먹는 것이다.

고객에게 상품의 특징을 모두 알려주고 싶은가? 그러나 모두 말해주더라도 고객은 다 기억하지 못한다. 전문 용어를 써가며 설명하는 동안 고객은 십중팔구 지루해할 것이다. 상품의 가장 큰 특징 또는 고객의 수준에 맞도록 한 가지 포인트만 제안해보자. 고객은 그 상품을 구매할 것이다.

내가 아는 스포츠 브랜드의 판매왕 매니저가 있다. 고객에게 부담주는 멘트를 절대 하지 않는다. 이 매니저는 자신이 아닌 철저하게 고객 중심의 설명을 한다. "이 신발은 고탄력 화학 섬유로 만들었고, 최근에 새로 개발한 특수 원료와 합성해 완벽한 기술의 승리를 이뤄냈습니다." 이렇게 설명하면 고객이 알아들을 수 있겠는가? 그 매니저는 "신발 안에 쿠션이 들어 있어서 발이 편합니다. 키가 커 보입니다"라고 말한다.

우리 동네에 중국집이 서너 개가 있다. 그중 한 집은 장사가 잘된다. 동네에 오향장육 맛있는 집으로 소문이 났다. 쉬는 날에 가족과 그 집에서 먹어봤다. 맛있었다. 다른 것도 다 맛있었다. 오향장육이 짜장면이나 짬뽕보다는 비싸다. 비즈니스 고객이 많은 동네여서 오향장육을 특화시켰다고 한다. 대부분 오향장육 잘하는 집은 짜장면도 잘한다. 주변 회사원들과 동네 주민들에게 '오향장육'을 확실하게 각인시켰다.

대학교 다닐 때, 아침에 조간신문을 돌리면서 아르바이트를 한 적이 있다. 여름방학 때였다. H신문사였다. 새벽 3시쯤에 신문보급소로 출근해 광고 전단지를 삽지하고 4시쯤부터 배포를 시작하면 7시쯤에면 끝난다. 신문을 배포하다 보면 J일보를 돌리는 아주머니를 만난다. J일보는 부수도 많고 전단 광고도 많다. 아주머니는 나보다 신문 부수가 훨씬 많았다.

아주머니는 서울 광진구 자양동 일부 아파트만 배포했다. 나는 자양동 거의 전체에 신문을 배포했다. 배포가 끝나는 시간은 거의 비슷했다. 받는 돈도 내가 적었다. 자양동은 단독 주택들이 많아서 처음에는 집 찾기도 힘들었다. 남들은 새벽 운동 삼아 한다는데 나는 학비를 마련해야 할 처지여서 이것저것 알아보지 않고 빨리 구해지는 일부터 해야 했다. 깨달았다. 잘 모르고 무턱대고 시작하면 손과 발이 고생한다는 것을.

'영업은 발로 뛰어야 한다'는 말이 있다. 자수성가한 어르신들이 "나는 구두 밑창이 어떻게 닳는지도 모르고 뛰었다네"라고들 많이 이야기한다. 맞다. 열심히 해야 한다. 하지만 지금은 세월이 변했다. 실시간으로 전 세계와 공유하는 시대다. 구두 밑창이 닳아 해지도록 뛰라는

말을 현대식으로 해석하면 '그럴 정도의 정신을 갖고 하라'는 말씀일
것이다.

열심히 하는 것은 중요하다. 하지만 스마트하게 하는 것은 더 중요
하다. 무턱대고 조간신문을 배포했던 나의 대학교 시절처럼 정보를 모
르고 덤벼서 열심히만 하면 손과 발이 고생한다. 영업도 마찬가지다.
온갖 상품 정보 속에서도 고객에게 필요한 가치만 제공할 줄 아는 화술
이 필요하다. 하루 한 명의 고객을 만나더라도 판매에 연결시키는 지혜
가 필요하다. 고객의 마음을 읽어내는 말투와 상품에 대한 핵심가치를
설명할 줄 아는 프로가 되어야 한다. 고객을 설득하려고 노력하는지,
아니면 알기 쉽게 설명하려고 노력하는지 짚어봐야 한다. 설득은 나의
주장을 따르도록 말하는 것이다. 설명은 내용을 상대방이 잘 알 수 있
도록 말하는 것이다. 친절로만 영업하는 시대는 지났다.

이제 영업은 '발'로 하는 것이 아니라 '말'로 하는 것이다. 끊임없
이 '화술'을 연구하라.

'기대'를 발견하는
최강의 스킬, 질문

올해로 아내와 결혼한 지 28년이다. 결혼식 당일, 주례 목사님이 물었다. "평생 하나님 안에서 살면서 아내만을 사랑하겠습니까?" "예"라고 답했다. 목사님의 짧은 질문에 답한 "예" 한마디의 무게감 때문인지 지금도 나는 아내를 사랑한다. 결혼기념일을 잊지 않고 매년 의미 있게 자축한다. 몇 년 전, 아내에게 서프라이즈 결혼기념일을 선물하기 위해 큰맘 먹고 여의도에 있는 63빌딩 59층 레스토랑에서 저녁을 먹고자 레스토랑에 예약 전화를 했다.

전화를 받은 A직원은 가격대를 이야기하고는 "더 문의 사항은 없나요?" 하고 물었다. 기분이 좀 안 좋았다. 바쁜데 내가 계속 붙잡고 있는 것 같은 생각이 들었다.

"아! 예 다음에 확정하면 다시 전화할게요."

다음 날 '다른 곳으로 예약할까?' 생각하다가 다시 전화했다. 다른 B직원이 받았다.

"아! 예! 무슨 기념일이신가요?" 상냥하게 묻는다.

"결혼기념일입니다."

"어머, 축하드려요. 제가 제일 좋은 전망으로 노력해서 마련해볼게요." 왠지 기분이 좋았다.

"두 분만을 위해 쉐프 특별 요리로 준비해도 될까요? 그날 오시면 쉐프가 요리 설명을 특별히 해드리도록 하겠습니다."

나는 주저하지 않고 "네, 좋습니다"라고 기분 좋게 예약했다. 전날에 상담받았던 가격보다 비쌌지만, 다음 날 전화 통화했던 B직원과 예약했다. 생각했던 가격대보다 비싸게 예약했지만, 기분이 좋았던 이유는 뭘까? B직원의 고객 응대 스킬이 A직원보다 뛰어났다. A직원은 고객 응대 매뉴얼대로 사무적으로 응대했다. B직원은 고객의 상황을 정확하게 파악한 후 진심으로 응대함으로써 더 비싼 가격으로 예약을 유치할 수 있었다.

고객을 응대할 때 처음부터 고민하지 말라. 어떤 상황이든 고객에 관한 관심을 놓치지 마라. 고객에 관한 관심 없이 팔 생각만 한다면 실패할 확률은 높아진다. B직원은 결혼기념일 당일에 즐거워 할 아내의 모습까지 상상하며 응대했던 것이다. 질문은 고객의 기대 요소를 발견하는 가장 좋은 방법이다. 잘된 질문은 고객의 마음 문을 여는 '키'다. 같은 분위기의 서비스 상품을 판다고 하더라도 더 높은 가격에 고객을 만족시킬 수 있다.

사회생활을 하다 보면 '질문'에 익숙하지 않은 모습을 많이 발견하게 될 것이다. 회사생활을 하면서 사내 강의할 기회가 여러 번 있었다. 직급마다 질문의 횟수가 다르다. 강의가 끝날 무렵 질문할 사람 있냐고 물어본다. 주니어 사원들은 두세 명 정도 질문한다. 시니어 사원들은 한 명 정도 질문한다. 부장급 팀장들은 아예 없다. '선수끼리 왜 그러세요'라는 분위기다.

S대학교 경영학과 4학년을 대상으로 유통업의 전망에 대해 강의를 한 적이 있다. 모든 사람이 아는 유명한 대학이라 '오늘은 어떤 질문들이 나올까? 강연을 짧게 끝내고 질의응답을 많이 하자' 내심 기대를 많이 했다. 150여 명이 내 강연을 들었다. 취업난이 심해서 그런지 다른 과에서도 많이 왔다. 나는 동기부여를 많이 했다. 반응은 매우 좋았다. 가지고 간 명함이 모두 동났다. 하지만 질문은 거의 없었다. 사람들은 어느 순간 질문하기를 멈춘다. 성인이 되고 나이가 들어갈수록 더욱 그렇다. 인생의 연륜이 쌓이면서 전문가의 단계로 올라서서 그런가? 생각대로 살지 않고 사는 대로 생각해서 그런가? 아니면, 사회적 분위기가 질문하게 되면 손가락질받는 분위기여서일까?

질문의 종류는 보통 세 가지가 있다. 첫 번째, 본인이 모르는 것을 물어보는 질문이다. 두 번째, 본인은 알고 있지만 듣는 사람이 알고 있는지 물어보는 질문이다. 세 번째, 본인도 모르고 듣는 사람도 모르는 질문이다. 이 경우는 함께 해결점을 찾아보자는 의미가 높다.

이 세 가지 질문은 공통점이 있다. '의도'가 있다는 것이다. 물어보는 사람의 목적이 분명히 있다. 그러므로 질문은 적확하게 해야 한다. 비즈니스 관계일 때는 더욱 그렇다.

판매현장에서는 대부분의 경우, 두 번째 질문이 많다. 판매 사원이 고객이 어느 정도를 상품에 대해서 알고 있는지 파악하려는 질문이 대다수다. 주의할 점은 질문할 때 긍정의 언어를 써야 한다. 한국말은 '아' 다르고 '어' 다른 경우가 많다. "고객님, 지금 결정을 못 하시면 손해입니다. 어떻게 하실래요?"보다는 "고객님, 제가 어떤 것을 해결해 드리면 편하실까요?"라고 질문하면 더 효과를 발휘할 수 있다.

내가 사는 동네에 ㅇㅇ마트가 있다. 편의점보다는 크고 대형 할인점보다는 작다. 집에서 가깝기에 생필품을 주로 여기서 구매하는데, 늘 사려고 계획했던 것보다는 항상 더 구입한다. ㅇㅇ마트에 근무하는 판매 사원들을 자연스럽게 잘 알고 있다. 매장 직원 중의 한 여사님이 질문의 귀재다. 며칠 전, 사야 할 것들이 있어서 ㅇㅇ마트에 갔다. 그 여사님은 반갑게 아내와 나를 맞이하며 질문했다. "지난번 사과는 어땠나요? 오늘은 딸기가 좋아요." 우리 가족이 즐겨 먹는 과일의 패턴을 잘 알고 묻는 말이었다. 딸기를 살 생각은 없었지만, 판매 여사님의 정보로 딸기까지 기분 좋게 구매했다. 구입을 강요하지 않았다. 그저 딸기의 정보를 주었다. 소소한 일상이지만 아내와 나를 즐겁고 행복하게 만드는 분이다.

판매를 강요하는 질문은 절대 금물이다. 강요는 잔소리다. 세상살이에서도 잔소리를 많이 듣고 변했다는 이야기를 들어본 적이 없다. 누군가를 강요하는 이유는 그것이 가장 쉽기 때문이다. 자기가 판매해야 한다는 감정을 발산하는 것일 뿐, 고객의 견해를 고려하지 않는 것이다. 하지만 고객은 귀담아듣지 않을 것이다. 질문을 잘하기 위해서는 겸손한 자세와 행동이 필요하다. 고객에게 기대를 주는 질문이 필요하다. 생활가전, 차량, 집 등 예산이 많이 들어가는 상품일수록 고객에게 미래에 대한 기대감을 주게 되면 성공할 확률이 높아진다.

타던 차가 오래되어 차량을 교체할 요량으로 자동차 판매점을 찾았다. 전시된 차량을 둘러보고 있는데 판매 사원이 질문했다. "가족이 어떻게 되시나요?" "다섯 명입니다." 나는 대답을 하면서 막내가 늦둥이어서 어리다고 말했다. 그 판매 사원은 SUV 차량을 권유했다. '장거리 여행할 때 다둥이 가족들이 편하게 이동할 수 있다. 실내 공간이 넓어서 쾌적하다. 승차감이 과거에 나오던 SUV 차량보다 좋을 것이다'라는 미래에 대한 기대감을 줬다. 현재 나는 추천받았던 SUV 차량을 타고 있다.

요즘에는 단골 고객들이 예약을 많이 하고 매장을 방문한다. 예약했다는 이야기는 고객도 매장에 오기 위해 준비한다는 것이다. 우리는 어떻게 해야 할까? 아침에 일어나면 오늘 만날 고객을 생각하라. 어떤 이야기를 꺼내는 것이 좋을지, 그 고객이 좋아하는 것과 싫어하는 것은 뭐였는지, 고객이 관심이 있는 최근의 이슈는 무엇인지, 상품의 어떠한 부분이 그 고객에게 도움이 될지 생각하라. 부정적 이야기나 종교, 정치에 관한 질문이나 이야기를 꺼내면 안 된다. 이런 습관을 매일 연습하면서 하루를 시작해보라. 자신감 있고 멋있어진 자신을 발견할 수 있을 것이다. 누구는 실천한다. 누구는 생각만 한다. 누구는 '이런 게 뭐 필요 있어?' 하며 무시한다. 하지만 믿고 한번 해봐라. 하루에 아침의 시작을 자신에 대한 긍정의 생각을 먼저 하라. 그다음 오늘 맞이할 고객에게 축복하는 마음을 가지며 '질문거리'를 생각해보라.

나는 교육이나 외부 강연을 할 때 가끔 사람들 앞에서 이런 말을 한다. "질문해도 되겠습니까?" 모두 "예"라고 대답한다. 대답은 시원하게 하고선 나와 눈이 마주치지 않으려고 시선을 피하기 시작한다. 모든 청중의 마음은 '나만 빼고 질문해주세요'라는 생각이었으리라. 강연하는 나의 입장에서는 모두가 사랑스러운 고객이다. 재미있는 질문으로 시작한다. 그럼 쉽게 답하면서 긴장이 풀어진다. 강연 초입의 10분정도를 친밀감 형성을 위한 시간으로 사용한다.

문득 예전 뉴스를 통해 들었던 일이 생각난다. '2010년 G20 정상회담에서 오바마(Obama) 대통령은 한국 기자들에게 질문할 시간을 주었다. 아무도 질문하지 않았다. 중국 기자가 질문했다. 오바마는 한국 기자들에게 다시 한번 기회를 주었다. 아무도 질문하지 않았다.' 질문하는 것을 '직업'으로 삼는 기자들이 질문을 하지 않은 것이다. 아마 한국 기자들은 오바마가 직접 질문 요청을 할 것이라는 상황에 대한 시나리오가 없었다. 갑작스러운 상황에 멍해지면서 그다음 행동을 못 한 것이다. 하루에도 수많은 고객을 만나는 비즈니스맨이나 판매 사원들에게도 이런 돌발 질문 상황들이 발생한다. 항상 지혜로운 질문을 준비하는 습관을 갖도록 노력하자.

질문은 고객의 마음을 알 수 있는 가장 효과적인 수단이다. 질문 근육을 단련시키자.

해답은 고객의 말에 있다. 경청하라

질문의 짝꿍은 듣기다. 판매 사원이 아무리 질문을 잘한다 하더라도 고객의 이야기를 잘 경청하지 않는다면 의미가 없다. 질문을 잘하는 사람은 경청도 잘하는 것이 일반적이긴 하다. 인생을 살아오면서 나에게 좋은 영향을 준 사람들을 생각해보자. 나의 경우는 말을 잘 들어주는 상사, 말을 잘 경청하는 후배, 나의 넋두리를 허심탄회하게 잘 들어준 동료들이 좋은 기억으로 많이 남는다.

누구나 인생을 살아가면서 죽마고우로 지내는 친구들이 있을 것이다. 어려서부터 같은 동네에서 학교를 같이 다녔던 친구들은 서로의 집안에 대해 잘 안다. 비슷한 환경에서 자라난 친구들임에도 모두 성격들이 다르다. 나도 그런 친구들이 있다. 더 정이 많이 가는 친구는 내 말을 잘 들어주는 친구다. 그런 친구들은 대화할 때 자신을 내세우지 않고 필요한 말만 한다. 필요한 말만 하는데 그 말이 다 핵심의 언어들이다. 경청을 잘하기 때문이다.

한번은 친구들 여러 명이 모여서 송년 모임을 할 때였다. 이런저런 이야기들을 하며 분위기 좋게 시간을 보내고 있었다. 자신들이 살아가는 이야기를 하던 중, A친구가 "나는 너의 그런 의견이 마음에 안 들어"라고 또 다른 B친구에게 말을 했다. 워낙 어려서부터 알던 친구들이라 대수롭지 않게 생각했다. 하지만 급기야 A와 B는 싸울 태세였다.

주변 친구들이 말려서 끝나는 듯했는데, 조금 시간이 흘렀을까. A가 일어날 때 "B와는 안 맞는다. 난 갈게" 하며 나갔다. 주변 친구들은 당황했다. A와 B는 정치 이야기를 하고 있었다. A가 가고 B가 이야기했다. "A녀석이 내 말을 계속 자르고 자기 말만 하는 거야. 내 이야기는 듣지도 않고. 아이참." 다른 친구들에 미안해했다. A는 평소에도 좀 그런 성격이었다. 모임에서 주도하지 못하면 못 배기는 그런 친구. 어려서부터 만나서 망정이지, 아니었으면 만나지도 않을 친구였다. 아무튼, 친한 친구일수록 정치, 종교, 군대 이야기는 하지 마라.

고객은 늘 자신의 이야기를 들어줄 것을 원한다. 판매 사원이 무표정한 얼굴을 하고 있다면 그냥 패스다. 다른 매장으로 간다. 판매 사원이 일방적으로 상품 설명만 하고 있으면 지친다. 고객은 건성으로 알겠다고 하고는 다른 매장으로 간다. 판매 사원이 센스 있게 자신의 말을 들어주면서 적절하게 상품 설명을 하면 호감을 느끼고 상품을 구매하게 된다.

자동차 판매점이나 가구 매장 등 내구성이 있는 것을 팔아야 하는 곳에서는 고객의 말을 잘 들어야 한다. 앞에서 말했듯이 짧게 핵심만 질문하고 고객의 말은 길게 경청하라. 대부분 고객의 말속에 답이 있다. 고객은 평소에 많은 생각을 하고 큰맘 먹고 오기 때문이다. 나도 지금 타는 SUV 차량을 그렇게 구매했다.

고객의 말을 경청할 때는 잘 듣고 있음을 표시해야 한다. 잘 듣고 있다는 것을 느낄 때 고객은 호감을 느낀다. '이분이 내 말을 잘 듣고 있구나. 고마워서라도 내가 무엇이라도 사야겠구나'라는 생각을 반드시 하게 되어 있다.

회사생활을 하면서 수많은 사람들을 만나왔다. 새로 만나는 사람이라도 몇 마디 나누는 동안 그 사람에 대해 어느 정도 파악이 된다. 그분이 경청을 잘하는 사람이라면 호감이 간다. 그런 분들은 비즈니스에서도 성공할 확률이 높다. 강연을 하다 보면 어느 분이 실적이 좋고, 회사에서 인정받는 분인지 어느 정도 감이 온다. 예전에 S그룹 부장들을 대상으로 강의를 한 적이 있다. 강의가 끝난 후 교육 담당 직원에게 물었다.

"맨 앞에서 듣던 부장님이 실적이 괜찮지요?"

그 교육 담당자는 깜짝 놀란다.

"어떻게 아셨어요? 그분은 우리 회사 S급 인재입니다."

그분은 강의하는 동안 내가 하는 말에 공감의 눈빛으로 아이 컨택을 자주 했다. 질문에 밝은 표정으로 긍정의 답을 해주었다. 그분의 이런 리액션은 강의 들을 때만이 아닐 것이다. 주변 동료들이나 상사들에게 인정을 받을 것은 당연한 이치다.

나의 어머니는 경청의 달인이다. 우리 집은 예전에 쌀가게를 했다. 아버지는 좋은 쌀을 팔기 위해 여기저기 많은 곳을 돌아다니며 쌀을 모아 오는 역할을 담당하셨기에 항상 바쁘셨다. 어머니는 주로 가게에서 고객들을 관리하셨다. 내가 학교에 다녀올 때면 우리 집에 항상 동네 아주머니 한두 명은 계셨다. 어머니는 주로 듣는 입장이었다.

중학교 1학년 때의 일이다. 나는 그런 어머니의 모습이 싫었다. 동네 사람들에게 굽실거리는 것 같았다. 사춘기여서 그랬던 것 같다. 그러다가 고등학교에 들어가서 알게 되었다. 어머니가 아니었다면 장사가 제대로 되지 않았을 것이다. 옆집에서 장사하던 아줌마가 이야기해 주셨다.

"윤용아! 어머니가 인상도 좋고 고민도 잘 들어줘서 너희 집이 단골이 많은 거야."

지금 돌이켜 생각해보면 나의 어머니는 '최고의 세일즈우먼'이었던 것이다.

조직생활을 하는 사람들은 사내 직원이 고객이다. 이 글을 읽는 분이 리더의 위치에 있다면 시간이 될 때마다 팀원들과 대화를 나눠라. 마음의 이야기를 읽으려는 태도로 집중해서 말이다. 이때 적절하게 질문하는 것을 잊지 말자. 각 개인에게 다가가 성심껏 경청하는 것은 존중이고 사랑이다. 비즈니스 사회는 바쁘다. 자기 일을 마무리하기에도 정신없다. 팀원들도 그렇고, 임원들도 그렇고 대부분의 사람들은 남의 말에 귀 기울여줄 여유가 없다. 듣는다고 하더라도 건성으로 들어서 오히려 말하는 사람만 기분 나쁠 때가 있다. 회의할 때 조금이라도 틈이 생기면 말을 자르고 들어와 자신의 경험을 이야기하는 사람들도 많다. 결국, 용기 내어 이야기했던 상대는 말을 잘 해보지도 못한 채 씁쓸하게 입을 닫는다.

가족 내에서의 고객은 가족 구성원 서로가 고객이다. 요즘은 시대가 변해 맞벌이 가정이 많다. 돈을 벌기 위해 평일에는 직장으로 향하고, 주말에는 가족들과 의미 있는 활동을 위해 분주하다. 바쁘고 분주하더라도 가족 구성원끼리 얼마나 대화하며 경청하는지 점검해보자. 서로 어떤 하모니를 들려주고 있는가. 악기들은 공명을 통해 소리를 낸다. 공명이 잘된 악기일수록 귀에 좋은 소리로 들린다. 사람의 공명통은 무엇일까? 짐작했겠지만 마음이다. 마음을 비우면 텅 빈 마음이 되고, 텅 빈 마음이 되면 참된 소리를 낼 수 있지 않을까? 가족 구성원끼리는 다른 사회보다는 마음 비우기가 상대적으로 잘될 수 있다. 진실과 위로의 마음으로 경청하는 것이 텅 빈 마음이다.

현재 초등학교 5학년인 우리 집 늦둥이 은서는 배려심이 많다. 대안학교에 다닌다. 며칠 전, 아내가 학교에서 문자 온 것을 보여줬다.

'아침 식사 메뉴로 만둣국이 나왔어요. 은서와 미연(은서 후배 4학년)이가 먹을 차례가 되었을 때 만두가 없었어요. 주방에서는 만두를 더 만들어서 은서와 미연이에게 주었어요. 그런데 은서가 안 먹고 멀뚱멀뚱 서 있는 거예요. 은서에게 왜 안 먹었냐고 물었어요. 은서는 "선생님도 못 드셨잖아요"라고 말했어요. 은서의 말에 감동했어요. "선생님은 만두 백 개 먹었어"라고 말해줬어요. 은서는 남의 말도 끝까지 잘 듣고 배려심이 많아요. 은서 잘 크고 있어요. 고맙습니다'라고 적혀 있는 문자를 보면서 대견했다. 경청은 배려의 마음이 없으면 안 된다.

사자성어에 '이청득심(以聽得心)'이라는 말이 있다. "상대의 말에 진심으로 귀 기울이는 것이야말로 상대에 대한 최고의 배려다"라는 뜻이다. 귀 기울여 듣는 것은 사람의 마음을 얻는 지혜다.

고객은 구매동기를 이야기하고 싶다. 끝까지 배려하며 경청하라. 고객의 말에 답이 있다.

3장.

고객이
사게 만드는
말 한마디 :
8가지 원칙

귀에 쏙 들어오도록
쉽게 말하자

회사생활을 하면서 주경야독을 한 적이 있다. 부장 때 중앙대학교 신문방송대학원에서 브랜드 마케팅 커뮤니케이션(IMC)을 전공했다. 과목 중에 설득의 심리학이 있었다. 유통 현장에서 고객들을 위한 마케팅을 기획하고 프로모션을 하던 나에게는 주효한 수업이었다.

설득의 심리학 수업 시간에 교수님께서는 "다음의 사례에 대해서 분석해보라"고 말씀하셨다.

'스티브 잡스, 스탠퍼드 대학 졸업연설'
"오늘 여러분께 세 가지를 말씀드리도록 하겠습니다."

'오프라 윈프리, 스탠퍼드 대학 졸업연설'
"제 인생을 통해 깨달은 몇 가지를 여러분과 나누고 싶어요. 세 가지를 말할 거예요. 누군가 몇 가지라고 해놓고 열 개를 말하면 열받지 않나요? 저는 세 가지만 말할게요."

'영화 〈비열한 거리〉'
"성공하려면 딱 두 가지만 알면 돼. 나한테 필요한 사람이 누군지, 그 사람이 뭘 필요로 하는지."

어떤 생각이 드는가? 맞다. 귀에 쏙 들어온다는 것이다. 왜 귀에 쏙 들어올까? 구체적으로 이야기하고 있다. 숫자로 말하고 있다. 오프라 윈프리의 경우는 "열 개 말하면 열받지 않나요"라며 위트까지 넣었다. 사회적으로 명성이 있는 사람들은 '언어의 대가'들이다. 왜 그럴까? 본인의 삶의 철학들이 명확하기 때문이다. 본인의 생각을 쉽게 말하기 위해 부단히 노력하기 때문이다.

영업현장에서는 매장을 순회하며 영업 상황들을 점검한다. 매출을 관리하는 영업팀장들은 현장 근무를 하며 고객들의 동향들을 그날그날 파악해 영업에 반영한다. 점포의 점장들은 대부분 임원이다. 임원이 매장을 순회하며 묻는다.
"오늘 매출이 어때요?"
A영업팀장이 답한다. "예, 오전에는 고객이 없는데 오후에는 많이 오실 겁니다."
B영업팀장이 답한다.
"예, 오전에 고객이 10여 명 정도 다녀갔습니다. 이 추세로 간다면 오후에는 100여 분이 오실 것으로 예상됩니다. 금일은 매출이 105% 정도 달성될 것으로 예상합니다."

A팀장과 B팀장은 같은 상황이라도 말하는 방법이 다르다. 누구의 말을 신뢰하겠는가? 물론 B팀장이다.

B팀장은 자신감 있게 말하면서도 숫자를 활용해 본인 업무의 전문성을 발휘했다. 영업현장에서는 매출에 대해 매우 민감하다. 매출이 좋으면 점포 전체 분위기가 좋다. 귀에 쏙 들어오기 쉽게 말하는 것도 재주다. 그 재주는 부단한 고객 관찰과 분석을 통해 형성된다.

우리는 반가운 사람을 만나거나 동료들과 인사할 때, "언제 시간 될 때 밥 한번 같이 합시다"라는 말을 많이 사용한다. 서로 인사하며 반갑다. 하지만 왠지 막연하다. 성격이 좋은 회사 후배는 "선배님, 다음 주 목요일 저녁 식사 어떠세요? 만약, 선약이 있으시면 날짜 세 개 정도 말씀해주시면 제가 맞추겠습니다"라고 말한다. 이 후배와는 항상 밥을 먹게 되어 있다. 후배의 구체적인 인사에 밥을 안 먹을 수 없다. 서로 인사하며 진정성을 공유하기 때문이다. 지금은 인생을 공유하며 서로의 고민과 생각을 나누는 꿈 친구가 되었다.

영업현장은 상품을 고객들에게 판매하는 곳이다. 신상품이 매장에 들어올 때는 상품설명서도 같이 들어온다. 설명서에는 전문 용어들이 잔뜩 쓰여 있다. 기술이 발달한 요즘은 더욱 그렇다. 유능한 현장 매니저들은 그것을 알기 쉽게 다시 정리한다. 아무리 첨단을 자랑하는 신상품과 서비스라 하더라도 고객들이 잘 알아들어야 한다. 고객의 머리와 감성에 확 꽂히는 판매 언어를 사용해야 한다.

　유통회사에서 근무하면 다양한 형태의 상품을 접할 기회가 있다. 경험했던 일화를 소개한다. 명품 매장에 신상품이 들어오면 상품이 희소성이 있거나 유행을 끌고 가는 상품은 직원들 사이에 소문이 난다. 나도 호기심에 명품 매장을 방문했다. 매니저는 "이 상품은 전 세계에 몇 개 없는 상품입니다"로 시작했다. 매니저는 점점 알아듣기 힘든 용어를 써가며 설명했다. '서로 아는 나에게도 이렇게 설명하는데 고객에게는 오죽할까?' 나는 좋게 이야기했다. "상품이 좋은 건 알겠는데 너무 어려워요. 하지만 매니저님은 판매에 대한 열정이 좋습니다. 상품 설명을 쉽게 하면 대박 날 것 같아요"라고 자연스럽게 코칭했다.

　기능성 상품이나 고가의 상품들을 판매하는 매장일수록 고객의 귀에 쏙 들어오도록 설명해야 한다. 판매하는 입장에서 전문가로 보이기 위해 어려운 용어를 써야 한다는 오해를 하지 않으면 좋겠다. 명품 매장을 방문한 고객이 그런 설명을 들으면 "무슨 말인지 모르겠어요. 다시 설명해주세요"라고 안 한다. 그저 심리적으로 위축된다. "예, 잘 알았습니다. 둘러보고 올게요"라고 말하며 매장을 떠나는 경우가 대부분이다. 화장품 매장의 경우는 화학제품이기 때문에 특히 조심해야 한다. 정말로 필요한 용어를 빼고는 외래어를 많이 쓰면 안 된다. "이 상품은 트렌디한 젠 스타일로 엣지 있는 럭셔리 아우라를 인죠이 하실 수 있습니다." 대충 뭔지는 알겠는데 헷갈린다. 전문가일수록 쉬운 말을 쓴다. 초등학생이든, 어른이든 쉽게 알아들을 수 있는 말로 해야 한다. 쉽게 말하지 못하는 것은 모른다는 것과 같은 말이다.

나는 고등학교 때 수학을 못했다. 선생님이 수학 시간에 말씀하시는 내용을 도대체 이해할 수 없는 경우가 태반이었다. 당시 내 짝꿍은 수학을 잘했는데, 이 친구는 나중에 S대 법대를 갔다. 쉬는 시간에 이해가 안 되는 것을 이 친구에게 물어봤다. 선생님이 설명할 때는 도통 모르겠는 것을 친구는 아주 쉽고, 이해할 수 있게 설명했다. 지금 생각해보면 이 친구가 수학 선생님보다 더 잘 가르쳤다는 생각이 들기도 한다.

확실하게 알면 쉽게 말할 수 있다. 고객층이 다양한 대형 쇼핑몰이나 백화점에서는 상품이 어떠한 것이든 쉬운 어휘를 사용해야 한다. 문장 수준도 초등학생에 맞추어야 한다. 왜냐하면, 고객이 즉시 알아들어야 하기 때문이다. 엄마가 아기 이유식 먹여 주듯 쉽게 설명하는 것이 최고의 스킬이다. 이렇게 말하는 사람은 최고의 전문가다.

고객에게 상품을 설명할 때는 사야 할 제일 큰 이유를 먼저 말하라. 즉, 두괄식으로 이야기하면 효과가 있다. 판매할 때 사야 할 이유를 먼저 이야기하면서 밝히면 명쾌하다. 나열식으로 미주알고주알 질질 설명하는 것보다 시원하게 보여줄 수 있다.

"이 상품을 구매하는 고객들은 공통점이 한 가지가 있습니다"라고 말해보라. 고객들이 집중하는 것을 확실히 느낄 것이다. 이렇게 결론을 먼저 정리해주면 설명을 듣는 고객들은 호기심과 신뢰감을 느끼게 된다.

판매의 언어는 절대적으로 쉬워야 한다. 고객은 세일즈맨이나 매장의 판매 매니저만큼 많이 알고 있지 않다. 되도록 쉬운 용어를 골라서 설명해야 한다. 혹시 '내가 전문가이니까 내가 하는 용어도 알고 계셔야 합니다'라며 영업하는 분이 있다면 빨리 당신의 태도를 개선해야 한다.

아웃도어 매장에 겨울 잠바를 사러 갔을 때의 이야기다. 매장 직원은 나에게 "고어텍스여서 좋아요"라고 이야기했다. 나는 '고어텍스가 뭐예요?'라고 속으로만 물었다. 고어텍스라는 용어를 모르면 무식한 촌놈이 되는 느낌이어서 "아, 예 좋네요"라며 맞장구를 치고, "다른 매장도 보고 올게요"라며 말했다. 매장에서 나오자마자 같이 갔던 아내가 내게 물었다. "윤용 씨, 고어텍스가 뭔지 알고 있어요?" 나는 답했다. "나도 몰랐어요." 고어텍스가 처음 나올 무렵이어서 나같이 일반 사람들은 모르는 용어였다. 그 판매 사원은 고객들이 모두 알 것이라 생각했던 것인지, 본인의 전문성을 나타내기 위해 그런 것인지, 아직도 잘 모르겠다. 좌우지간, 그 브랜드에서는 쇼핑하지 않았다. 소심한 복수다.

귀에 쏙 들어오게 쉽게 말하자. 나만의 '말' 기술이 아니다. 고객에게 맞는 '말'을 사용하자.

망설이는 틈을 주지 말고
딱 결정해주자

직원들 대여섯 명과 식당에 갔다. 한식집이었다.

"사장님, 뭐가 맛있나요?"

"메뉴판 보세요. 다 맛있어요."

메뉴판을 다시 들여다본다. 누구도 먼저 이야기하지 않는다. 내 입만 쳐다보고 있다.

"나는 제일 마지막에 결정할 테니 편하게 주문하세요."

다들 순간적인 결정 장애 현상을 보였다. 이런 경험을 많이 했을 것이다.

다음 날 회사 앞 지하상가에 있는 식당에 갔다. 이번에도 한식당이다. 어제와 똑같은 질문을 했다.

"사장님, 뭐가 맛있나요?"

"오늘은 고등어가 선도가 아주 좋습니다! 하하."

우리는 고등어를 메인으로 시키고 나머지 음식들을 주문했다. 편했다. 이 집 사장님은 직접 노량진 수산시장에서 수산물을 사 오는 분이었다. 이 집은 항상 손님이 끊이지 않는 맛집으로 소문난 집이다.

쏟아지는 각종 정보로 사람들은 혼란스럽다. 디지털 마케팅 수단을 장착한 회사들은 고객의 관심 부분을 맞춤으로 제공한다. 사람들은 본인들의 관심 분야를 즐기거나 연구하기에도 벅찬 세상이다. 상품 광고뿐만 아니라 판매 접점에서도 꼭 필요한 말만 짧게 해야 하는 상황이다. 식당에서 무엇을 먹을지 결정을 못 하고 있을 때, 서비스하는 직원이 "○○메뉴가 괜찮습니다"라고 말해주면 상당히 고맙다.

본사 마케팅실에서 근무할 때 기획 업무를 하면서 각종 광고 업무에도 관여했다. TV CF는 15~20초의 미학이다. 그 안에 하고 싶은 말을 모두 담아내야 한다. 신문 15단 전면 광고는 단어 몇 단어로 촌철살인을 만들어야 한다. 한 방에 고객의 마음을 사로잡아야 한다. 메시지의 생명력은 직접적인 것에 있다. 고객이 CF나 신문광고를 볼 때 망설이는 틈을 주면 안 된다. '아! 사고 싶다', '아! 가보고 싶다' 이런 마음이 들도록 임팩트한 메시지를 주어야 했다.

영업현장에서는 말이 곧바로 고객의 귀에 설득력 있게 들려야 한다. 조금이라도 망설이거나 고민하게 하면 판매는 실패한다. 고객의 오감이 순간적으로 반응해 구매 결정을 할 수 있도록 해야 한다. 고객의 니즈를 간단하게 잡아내는 눈을 갖자. 상품을 사야 할 이유를 한 문장으로 설명해보자. 안 된다면 훈련하라. 상품을 공부해보면 답이 나온다. 고객은 복잡한 것을 싫어한다. 단순하게 설명이 되어야 한다.

백화점 식품 매장에 과일을 사러 갔다. 사과를 사야 하는데 결정을 못 하고 있었다. 잘 알고 있는 판매 여사님이 "골라보세요. 여기 사과는 뭘 골라도 맛있어요. 종류도 다양해서 골라 먹는 재미가 있어요"라고 말했다. 나는 "예, 알겠습니다"라고 말을 하고는 어느 것을 사야 할지 계속 망설였다. 이때 과일코너 담당자가 왔다. "오랜만에 오셨네요. 남 팀장님" 하며 반색했다. 그러면서 "제가 맛있는 것으로 특별히 골라드릴까요?"라고 말했다. '내가 못 고르는 것을 어떻게 알았지' 마음을 들킨 듯했으나 그 과일 담당자가 고마웠다.

얼마 후 회사 회식이 있어서 그 담당자와 소주 한잔할 기회가 있었다. "남 팀장님 사과를 사러 오셨을 때 제가 잘 골라드렸죠?" 내가 구매하지 못하고 망설이고 있었던 것을 그 과일 담당자는 알고 있었다.

비즈니스맨이나 세일즈맨들은 전화로 약속하고 고객들을 만나는 경우가 많다. 약속을 해야 할 경우, 고객에게 "찾아뵈려고 하는데, 언제가 좋으세요?"라고 말하기보다는 구체적으로 날짜를 알려주어야 한다.

"찾아뵈려고 하는데 다음 주 화요일이 편하세요? 목요일이 편하세요? 저는 화요일에 그쪽으로 갈 일이 있는데 괜찮으시다면 그날 오전에 문자 넣고 2시에 찾아뵙겠습니다."

이렇게 하면 상대방이 중요한 회의나 미팅이 없다면 화요일에 대부분 만나게 된다. 구체적으로 상대방에게 선택권을 주어서 망설이지 않게 만드는 요령이다. 이때 주의해야 할 사항은 목소리 톤을 부드럽게 해야 한다. "내가 필요한 시간은 화요일이니 화요일에 만나자"라는 인상을 주면 안 된다.

명절 행사 TF팀으로 상품을 수주하려다가 낭패를 당했던 사연이 있다. 꽤 큰 법인 고객이었다. 전통적으로 우리 회사에서 구매해오던 단골 회사였다. 나는 다른 신규 회사들을 발굴하느라 정신이 없었다. 수주된 회사들을 점검하던 중, 그 회사가 빠져 있는 것을 발견했다. 다음 날 부랴부랴 그 회사로 전화했다.

"○○회사 남윤용입니다. K부장님 좀 부탁드립니다."

"네, K부장님은 다른 곳으로 발령이 나서 이동하셨습니다."

아차! 그 회사의 구매 담당 부장이 바뀐 것이다. 순간 TF팀 전임자에 대한 원망이 잠깐 들었다. '아니 평소에 연락해야지. 어떻게 고객 회사 담당 부장이 바뀐 줄도 모르나.' 인수인계를 똑바로 안 해준 사람에게 서운했다. 하지만 결과적으로는 내가 잘못한 것이다. TF 특성상 전임자는 없다. TF팀이 해체되면 자기 본업으로 돌아가기 때문이다. 영업리스트만 있을 뿐이었다. TF팀이 되었을 때 바로 전화하고 찾아가고 해야 했다. '매번 하던 곳이니까. 하겠지'라는 나의 안일한 생각이 잘못된 것이었다.

새로 온 그 회사 부장님에게 문자를 넣었다. 정중하게 거절의 문자가 왔다.

"너무 늦으셨습니다. 좀 일찍 전화를 주셨으면 좋았을 텐데 아쉽습니다. 사실 상품을 구매하기 위해 여러 유통회사를 놓고 많이 망설였습니다. 전년에 구매했던 내용이 있어서 전화했는데 연락이 안 되었습니다. 내년에 다시 한번 검토하겠습니다."

회사의 전임자는 퇴사 후 다른 회사로 이직했다. 연락될 리 없었을 것이다. 후회되었다. TF팀으로 발령 났을 때 틈을 주지 않고 바로 전화해서 수주를 받았어야 했다. 안타깝다.

고객이 망설인다는 것은 상품이 마음에 들지 않아서 그런 것이 아니다. 판매 사원은 자신감을 갖고 한 방에 제안해야 한다. 결정적인 한마디가 필요하다. 30여 분을 충분히 설명했는데 "설명은 잘 들었는데 선택하기는 망설여지네요" 이런 반응에 허탈해하지 마라. 흔히 접하게 되는 고객들의 감정 상태다. 망설이는 이유의 대부분은 돈(가격), 때(지금 사야 하나), 양(수량) 때문이다.

S백화점 화장품 E브랜드 매니저는 정말 잘한다. 고객이 고민하는 순간을 놓치지 않는다. 구매를 망설이는 고객에게 세 가지 세일즈 포인트를 활용한다.

첫 번째, '지금 남아 있는 상품이 몇 개가 없어서 오늘 중 다 판매될 것 같아요. 워낙 인기가 많아서 나오자마자 동나는 상품입니다. 상품이 마음에 드시면 지금 선택하세요.' '수량'을 활용한 멘트다.

두 번째, '오늘 구매하신 분들께 특별 샘플을 드리고 있습니다. 오늘이 이벤트 마지막 날이라 놓치시면 제 마음이 더 아플 것 같습니다. 내일부터는 가격이 인상됩니다.' '가격'을 활용한 멘트다.

세 번째, '지금과 같이 건조한 시기에는 수분 밸런스가 맞아야 합니다. 피부는 망가지기는 쉬워도 복구하기는 어려워요. 타이밍이 적절하게 구매하시는 거예요.' '때'를 활용한 멘트다.

E브랜드는 백화점 화장품 브랜드 내에서 선두 그룹을 유지하고 있다. 옆에서 보는 마케터인 나도 이 매니저에게 판매 방법을 많이 배

웠다. 고객의 형편을 잘 살펴서 적절하게 활용하면, 판매 성공률은 90% 이상이 될 것이다. 고객에게 맞는 심리·과학적인 방법이다.

선택을 못 하고 망설일 때 옆에서 딱 맞게 의사 결정을 도와주는 사람이 있다면 얼마나 좋을까? 남녀가 사귈 때 "오늘 뭐 먹지?" 이 평범한 질문에 서로 "어? 글쎄" 하며 망설인다. 그러다 "커플 통장에 돈이 얼마 남아 있어?"라며 의논한다. 형편을 살피는 것이다. 사귄 지 좀 시간이 흘러서 안정 단계에 있는 연인들의 모습이다.

일상의 데이트를 할 때도 '뭘 먹을까, 뭘 볼까. 어디를 갈까' 망설이는 것이 인간의 속성이다. 대다수의 사람들은 심리학적으로 보면 '선택'이라는 행위를 '좋아하지도 않고 싫어하지도 않는다'고 한다. 그러니 '선택'의 순간이 왔을 때, 지혜롭게 옆에서 도와줄 수 있는 사람이 있다면 얼마나 고마울까?

선택의 범위가 좁아지면 누구나 쉽게 선택할 수 있는 상황이 될 수 있다. 이탈리안 음식을 먹을지 말지가 아닌, '스파게티를 먹을지, 피자를 먹을지'로 선택하게 하라. 남녀 간에 전화 통화하다가 "내일 만날까?"라고 하지 말고 "내일 영화를 볼까? 연극을 볼까?"로 압축해 대화하면 성공률이 높아진다. 매장에 온 고객에게 "이 옷 어떠세요?"라고 말하지 말고 "빨간색 옷과 파란색 옷 중에 어느 옷이 마음에 드시나요?"라고 권유해라. 고객에게 너무 다양하게 제안하면 고객은 혼란을 느낄 것이다.

활을 잘 쏘는 신궁이나 총을 잘 쏘는 명사수(스나이퍼)들은 활이나 총

알을 남발하지 않는다. 프로 세일즈맨도 마찬가지다. 고객의 감정의 상태를 면밀하게 분석하며 한마디로 구매를 성공시킨다. 고객의 감정을 큐레이팅한다. 고객의 지갑이 기분 좋게 열리게 한다.

망설이는 고객에게 틈을 주지 말고 딱 결정해주자. 고객의 감정을 읽는 큐레이터가 되어라.

03

약점을 장점으로
변환해 말하자

백화점이나 대형 할인점의 식품 매장은 상품의 신선도 유지가 생명이다. 유통기한이 짧은 상품 중 팔리지 않은 상품들은 전량 폐기된다. 유통기한에 문제가 없더라도 약점이 있는 상품들은 폐기하는 것이 원칙이다. 이런 상품들은 가끔 직원 판매 등을 통해 소진된다. 상품에는 전혀 문제가 없다. 싼 가격으로 직원들에게 혜택을 준다. 얼마 남지 않은 유통기한의 약점이 직원들에게 좋은 가격으로 판매되어 장점으로 변환된 것이다.

할인점의 경우는 가끔 이런 상품들을 모아서 고객 통로에 배치해 싼 가격으로 고객들에게 제공하는 프로모션을 한다. 상품에 이상이 없으므로 알뜰한 고객들은 이 상품들을 자주 이용한다. 가성비 있게 쇼핑하는 기회를 제공하게 된 셈이다. 이렇듯 관점을 조금만 바꾸면 약점이 장점이 되어 고객들의 상품 구매를 도울 수 있다.

'뭐든지 생각하기 나름이다.' 많이 들어본 이야기일 것이다. 어릴 적 쌀가게를 했던 우리 집은 여주 이천 등 지방에서 쌀을 도매로 구매해오면, 아버지와 어머니가 밤새도록 석발기로 돌을 골라내는 작업을 하셨다. 이런 작업을 하면 싸라기가 많이 발생한다. 싸라기를 고객들에게 팔지는 못한다. 어머니가 아이디어를 내셨다.

"싸라기를 떡으로 만들면 어때요? 떡으로 만들어서 싸게 팔면 손님들에게도 좋을 것 같은데요."

아버지는 좋은 생각이라며 반기셨다. 어머니는 언제나 지혜로우셨다. 싸라기는 떡으로 만들어졌다. 장사가 잘되었다. 어머니는 나에게 말씀하셨다.

"윤용아, 아무리 힘들어도 생각하기 나름이란다."

어머니가 건강하게 오래오래 사셨으면 좋겠다.

'내가 약한 그때에 곧 강함이라(고후 12:10).'

《성경》의 신약에 나오는 구절이다. 누구든지 약점이 있다. 삶이 녹록지 않다. 삶 속에서 다양한 일을 겪으며 약해진다. 약해지면 무슨 일을 하든지 자신감이 없어진다. 자존감이 떨어진다. 고객을 만났을 때도 주저하며 상품을 설명한다. 생각을 바꾸자. 뭐든지 생각하기 나름이다. 약점을 장점으로 전환해보자.

미국의 16대 대통령 링컨(Lincoln)의 이야기는 많이 회자된다. 수염을 기르지 않은 상태의 링컨은 험상궂고 인색한 느낌의 얼굴이다. 한 어린 소녀가 "할아버지처럼 수염을 기르면 인자해 보일 것 같아요"라는 말을 했다. 인상 때문에 고민하던 링컨은 그때부터 수염을 길렀다는 후문이다. 링컨은 자신의 약점을 장점으로 승화시켰다. 어린아이의 이야기를 경청한 링컨은 훌륭한 지도자임에 틀림없다.

'약점을 장점으로 변환해 말하자'라는 말은 '관점을 달리해보자', '상황을 뒤집어서 생각하고 대응해보자'라는 뜻으로 해석하면 된다. 관점 뒤집기는 똑같은 상황에서도 동전의 양면을 뒤집듯 뒤집으면 반대의 상황, 반대의 의미가 된다. 뒤집기 기술은 약점의 상황을 빨리 장점의 상황으로 전환해주는 기술이다. 리오넬 메시(Lionel Messi)는 "때로는 나쁜 일이 아주 좋은 결과를 낳기도 한다. 단점을 장점으로 승화시켜라"라고 말했다.

뒤집기 기술은 영업현장에서 약점의 상황을 지혜롭게 장점의 상황으로 전환시키기도 한다. 접착력이 약해서 쉽게 떨어지는 실패작에서 몇 번이고 떼었다 붙였다 할 수 있는 '포스트잇'이라는 상품이 탄생했다. 사물의 단점을 관점만 바꾸어 비틀어 해석한 결과다.

한국에서 월드컵을 개최했을 때 나는 마케팅실 과장으로 근무하고 있었다. 우리 회사는 FIFA에 협찬하는 회사가 아니었다. 협찬 회사들은 거액의 협찬금을 내고 공식적으로 광고를 할 수 있는 권한이 있었다. 나는 협찬사는 아니지만, 월드컵이라는 국가적인 대형 행사를 활용해 고객들에게 홍보해야 하는 상황이었다.

경기가 있는 날에는 많은 사람들이 시청 광장에 모여 응원 페스티벌을 벌였다. 시청 광장을 바라보는 대형 건물주를 찾아갔다. 건물을 덮을 만한 월드컵 현수막을 달아보자고 제안했다. 건물주 사장님은 하고 싶지만, 예산이 없다고 했다. 건물주 사장님은 현수막에 본인 회사 로고도 넣어달라고 주문했다. 예산을 투입해 대형 현수막을 제작해 건물에 부착했다. 회사의 반대를 무릅쓰고 부착한 것이다.

월드컵 경기가 있는 날에는 어김없이 많은 사람들이 "대~한민국"을 외쳤다. 스페인과 경기가 있던 날이었다. 응원 열기가 고조되면서 폭죽의 불티가 현수막에 옮겨붙었다. 다행히 1/5 정도만 타다 꺼졌다. 철거해야 했다. 그날 TV를 보면서 깜짝 놀랐다. 현수막에 새겨진 회사 로고가 선명하게 전 국민에게 홍보가 된 것이다. 현수막에 폭죽으로 인해 불이 붙게 되자 카메라가 현수막을 촬영한 것이다. '새옹지마(塞翁之馬)'라는 말이 이런 것인가? 그날 한국은 스페인을 꺾고 4강에 합류했다. 약점이 오히려 득이 된 경험이었다.

요즘은 많이 하지 않지만 몇 년 전까지만 해도 조직 활성화를 위해 단체로 등산을 많이 갔다. 산을 좋아하는 사람에게는 즐거운 일이지만, 싫거나 즐기지 않는 사람들은 끌려가는 꼴이다. 누구에게는 운동이고, 또 다른 누군가에게는 노동이다. 사물의 현상은 동일하게 사람들에게 제공된다. 해석하는 사람들의 마음에 따라 상황을 보는 시각이 달라진다.

젊은 사람들은 몇 살이냐고 물어보면, 거의 모든 사람이 한국 나이로 답한다. 연세가 드신 분들은 거의 100% 만 나이로 대답한다. 똑같은 날씨를 접하면서도 어느 사람은 '덥다'고 하고, 어느 사람은 '따뜻하다'라고 말한다. 컵에 물이 반 정도 차 있을 때 누구는 '아직도 반이나 남았네'라고 하고, 누구는 '벌써 반이나 먹었네'라고 말한다. 낚시를 좋아하는 사람에게는 그것이 즐거운 놀이이지만, 어부들에게는 노동현장이다.

백화점에서는 사계절 행사를 많이 한다. 마케팅 프로모션을 하면서 성공한 프로모션도 있고, 실패한 프로모션도 있다. 어느 해 여름이었다. 모피 행사를 기획했다. 한여름에 진행하는 모피 행사는 웬만큼의 가격 이점이 없으면 실패 확률이 높다. 영업팀장에게 행사 시작일 3개월 전에 주문했다. 유명 브랜드가 참여해야 하고, 가격 메리트가 확실하게 있어야 한다고 강조했다. 영업팀장은 걱정하지 마시라고 호언장담을 했다.

행사 20일 전, 행사브랜드 리스트를 챙겨봤다. DM, TM, 전단, 점내 연출물 등 준비할 것들이 많아서 최소 20일 전까지는 기획이 되어야 한다. 영업팀 반응이 미덥지 않았다. 영업팀장은 "유명 브랜드 유치가 좀 힘듭니다", "경쟁사에서도 같은 행사를 진행한답니다", "물량이 분산되면 힘들다고 이번에는 빠지겠다고 하네요"라고 말했다. 영업팀장이 할 말인가 싶어 당황스러웠다. 시즌 약점을 보완하기 위해 상품 기획을 3개월 전부터 주문하고 준비했다. MD행사 기획을 했지만, 실행력이 부족했다. 약점을 강점으로 보완하려던 계획은 결국 실패했다. 유명 브랜드를 유치한 경쟁사는 상당히 좋은 성과를 냈다. 상품은 고객의 눈길을 끌 수 있어야 한다. 콘텐츠가 좋아야 계절적으로 약점인 행사도 강점으로 전환될 수 있다.

신상품으로 들어온 생활가전 상품을 광고해야 하는데 가격이 20% 정도 더 비쌌다. 고객에게 어떻게 어필할지 고민되었다. DM에 상품을 소개해 반응을 살폈다. 일단 가격 측면의 약점을 언급했다. "신상품의 가격이 다른 상품들보다 20% 비싸다. 내구성과 유지비 등을 고려한다면, 20% 비싼 가격으로 구매하더라도 이익이다"라는 형태의 광고로 DM을 샘플링해서 타깃 고객들에게 보냈다. 고객들의 문의 전화가 쇄도했다. 가격에 대한 약점을 콘텐츠의 우수성으로 강조한 DM이 먹힌 것이다. 경쟁사나 다른 점포보다 많이 팔 수 있었다. 약점을 강점으로 전환해 고객들에게 말한 것이 주효했다.

단점을 강점으로 만드는 가장 좋은 방법은 끄집어내는 것이다. 그것을 더욱 강하게 어필하고 마케팅하는 것이다. 관점을 비틀고 뒤집어보면 장점이 보인다. 본인 브랜드에서 취급하는 상품의 단점은 무엇이라고 생각하는가? 단점을 종이에 적어보자. 단점을 장점으로 바꾸어보자. 안 된다고? 일단 한번 해보라. 그래도 안 되면 나에게 연락하라.

어떤 상황이든지 생각하기 나름이다. 단점을 장점으로 바꾸어보라. 긍정 멘트를 훈련하자.

더 잘 팔리도록
소통하고 공감하자

나는 마케팅 분야에서 잔뼈가 굵다. 과장, 부장 시절 거의 마케팅 업무를 했다. 재미있게 했다. 성과도 있었다. 유통 분야 국내 최고의 회사가 되었다. 내가 배운 것은 '고객'에게 모든 초점을 맞추고 업무를 풀어가는 회사 문화였다. 그러다 보니 마케팅 업무는 더욱 재미있었다. 고객 접점에서의 첨병 역할을 했으니까. 군대로 이야기하면 작전상황실 역할이다.

지금은 모든 것이 변했다. 고객도, 마케팅 방법도 변했다. 2021년 현재를 살아가는 모든 마케터들이 분주하다. 고객은 날아다니는데 마케터들은 뛰고 있다. 뛰면서 열심히 하고 있다고 자위한다. 과거 방식의 마케팅만을 여전히 하고 있다면 망할 준비를 하고 있는 것이나 다름없다. 경영자 보고용 마케팅 기획서를 쓰고 있다면 실수하는 것이다. 그 시간에 현재의 고객은 어떻게 움직이는지 SNS 동향을 살피는 것이 더 효율적이지 않을까?

마케터나 영업맨들의 핵심 역량은 '고객과의 소통과 공감을 어떻게 성과로 이어지게 하는가'이다. 고객들이 급속도로 변하고 있기 때문에 소통과 공감의 방식도 변하고 있다. 불과 몇 년 전까지만 해도 대중 프로모션이 고객들에게 먹혔다. 최근에는 바겐세일 기간임에도 불구하고 예전처럼 매장이 붐비지 않는다. 내가 다니는 회사에서는 일찌감치 전단을 없앴다. 지금은 디지털 마케팅에 전력투구하고 있다.

요즘 고양이를 키우는 사람이 많아지고 있다. 젊은 세대들이 고양이를 닮아가는 모습을 보여주고 있다. 소비 패턴도 고양이화되고 있다. 고양이는 개와 다르다. 개가 주인을 살렸다는 이야기는 있어도 고양이가 주인을 구했다는 이야기는 들어본 적이 없다. 고양이는 철저히 개별적이다. 자기 마음대로다. 주인이 불러도 안 온다. 먹이(사료)를 줄 때만 온다. 어떨 땐 얄밉다. 고양이는 길들여지는 것을 거부한다. 자기만의 놀이 공간을 찾는다. 자신이 주도하는 것을 좋아한다. 자유롭다. 스스로 알아서 한다. 자기만의 시간을 갖는다. 자기 의사가 확실하다. 깔끔하다. '자기만의 삶의 방향으로 살아가는 사람들과 비슷하다'고 말한다면, 고양이를 너무 높게 평가한 걸까? 아무튼, 요즘의 젊은 세대와 유사한 경향이 있다.

20대인 내 아들과 딸만 봐도 알 수 있다. 사랑하는 딸 효정이는 20대 초반이다. 아빠가 큰맘 먹고 백화점 카드를 주며 옷을 사라고 해도 웃으면서 괜찮다고 한다. 처음에는 아빠의 주머니 사정을 생각해서 그러는 줄 알았다. 그런데 내가 잘못 알았다. 효정이는 자기가 원하는 브랜드가 따로 있었다. 효정이는 자신의 기준에 맞고 취향에 어울리는 상품과 브랜드를 선호한다. 내가 봐도 효정이는 옷을 센스 있게 입는다. 아빠가 권하는 브랜드들은 가격만 비싸지 멋이 없다고 말한다. 자기만의 독특한 스타일이 있는 것이다.

믿음직한 아들 웅식이는 20대 중반이다. 웅식이는 자기 친구가 운영하는 브랜드의 옷을 잘 입는다. 회사에 입사하지 않고 의류 브랜드를 만들어 1인 창업을 한 친구다. 옷에 감성이 있다. 대단하다. 웅식이도 자기 감성이 분명하다. 아들 친구들의 이야기를 들어보면 다들 자기만의 생각들이 분명하다. 아들 친구 Y는 프리랜서 포토그래퍼 일을 한다. 대학교에 다니다가 하고 싶은 일을 하려고 중퇴했다. 멋있는 친구다. 가끔 나는 웅식이와 술잔을 기울이며 대화를 나눈다. 본인의 생각을 아빠에게 진술하게 들려준다. 회사에 관한 이야기, 삶의 방향에 관한 이야기, 소소하게 있었던 일상의 이야기들을 나누며 즐겁고 행복한 시간을 보낸다. 대견하다. 아들과 소통하며 공감하는 시간이다.

현재 소비자들은 기존 미디어에서 쏟아내는 콘텐츠보다 1인 미디어를 통해 접하는 정보들의 비중을 더 많이 수용하는 경향이 있다. 이럴수록 콘텐츠의 '진실성'이 중요하다. 전통적인 마케팅은 별로 관심이 없다. 상품 각자의 브랜드가 들려주는 스토리텔링이 있는지, 쇼핑의 경험 속에서 특별한 즐거움을 주는지가 관심 포인트다. 유튜브, 페이스북, 인스타그램 등 SNS 채널들을 보면 브랜드 광고들이 줄기차게 쏟아지고 있다. 일상 속에서 소비자들은 보거나 듣지 않으려 해도 볼 수밖에 없는 하루하루를 살고 있다. 소소하면서도 즐거운 스토리가 자연스럽게 소통되는 브랜드에 소비자는 공감한다.

백화점 식당가의 맛집이나 베이커리 매장은 SNS의 주요 소재들로 사용된다. 베이커리 매장은 갓 구운 빵을 먹기 좋게 잘라서 예쁜 접시에 담는다. 매장 앞을 지나가는 고객들에게 시식 빵을 서비스한다. 빵 냄새는 고객의 후각을 자극한다. 상품으로 고객과 소통하는 것이다. 쇼핑을 마치고 집에 돌아가는 고객들은 그냥 지나치지 않는다. 시식한 고객들은 대부분 빵을 구매한다. 화장품 매장의 경우, 브랜드별로 메이크업 쇼를 한다. 메이크업 쇼에 참여한 고객들에게 다양한 혜택을 준비한다. 화장품 샘플, 할인 혜택 등 고객들은 즐거운 마음으로 참여한다. 립스틱 등은 유행에 민감해 계절에 따라 수시로 바꾸는 고객들이 많다. 이러한 고객들에게 정보를 제공하며 소통한다. 고객들은 공감되면 즐겁게 구매한다. 구매한 고객들은 상품(득템) 후기를 바로 SNS를 통해 전파한다. 대형 할인점에서도 시식 코너를 운영한다. 만두, 햄, 두부, 라면 등 고객들의 눈과 입이 즐겁다. 시식 코너를 운영한 매장과 안 한 매장의 매출은 보통 7~10배 정도 차이가 난다.

기업에서 생산하는 모든 종류의 상품과 서비스는 고객과의 소통을 전제로 태어난다. 고객의 관심을 못 받고 소통되지 못한다면, 쓸쓸하게 시장에서 퇴출당한다. 마케터들은 고객의 관심을 받고 지속적인 소통을 할 수 있도록 부단히 노력한다. 시장에는 상품들이 넘쳐나고 있다. 공급이 수요를 초과한 것이다. 상품들은 서로 관심받기 위해 아우성이다. 경쟁 브랜드보다 먼저 고객의 선택을 받아야 한다. 마케터들은 새로운 지혜를 짜내야 한다.

마케팅의 핵심은 고객들에게 상품에 대한 인식을 심는 데 있다. 고객의 마음속에 상품에 대한 강한 브랜드 이미지를 각인시키기 위해 주력한다. '침대는 가구가 아닙니다. 과학입니다'를 카피로 한 광고가 엄청나게 유행했다. 대중매체를 통한 고객과의 소통 노력이 성공한 사례다. 지금의 시장은 어떨까? TV와 같은 대중매체는 전달 영향력이 많이 약화되었다. 고객과 소통하려는 채널은 셀 수 없을 정도로 다양해지고 상품 간의 경계도 무너지고 있다. 나이키의 경쟁상대는 아디다스가 아닌 게임회사 닌텐도. 쇼핑몰 스타필드의 경쟁상대는 에버랜드 또는 야구장이다. 이것은 고객의 시간과 라이프 스타일을 연구해야 한다는 말이다. 업종과 상업의 경계가 희미해지고 있다. 스타필드는 리테일테인먼트(Retail+Entertainment) 공간이 되었다.

스타필드를 기획할 때 많은 생각을 했고, 전 세계의 모든 복합 쇼핑몰을 벤치마킹하며 연구했다. 지금은 고객들에게 훌륭한 소통과 공감의 장소가 되었다. 아직도 계속 진화 중이다. 쇼핑몰 스타필드를 기획할 당시 참여했던 나로서는 감회가 새롭다. 이렇게 고객의 선택을 받기 위해 피나는 노력을 하고 있다. 고객과 소통하기 위해. 고객의 공감을 얻어내기 위해.

소통과 공감이 잘되는 조직은 잘된다. 사회생활을 하는 대부분의 사람들이 매우 많이 듣고 있는 말일 것이다. 궁금했다. 네이버 사전에 '소통'을 검색했다. 사전적인 뜻은 '막히지 아니하고 잘 통함', '뜻이 서로 통해 오해가 없음', '공감'의 사전적인 뜻은 '남의 감정, 의견, 주장 따위에 대해 자기도 그렇다고 느낌 또는 그렇게 느끼는 기분'이라고 알려준다. 우리 몸의 혈액처럼 구석구석 잘 막히지 않고 통하는 것이다. 영업 현장에서의 소통은 고객의 니즈를 파악해 막힘없이 진실하게 설명하는 것이 중요하다. 이럴 때 "아! 그렇구나. 나도 그렇게 생각해요. 나에게 필요한 것이 이 상품이에요. 고마워요"라고 고객이 말한다면 공감이 된 것이다. 구매한 고객은 좋은 느낌으로 가까운 지인들이나 SNS를 통해 공유한다. 재미있는 영화, 즐거운 맛집 체험을 했을 때 입소문으로 알리는 것처럼 말이다.

고객은 빠르게 앞서가고 있다. 소비 패턴을 탐구하자. 소통의 말로 진실하게 공감하자.

05

나의 경험을
곁들여서 설명하라

사람들은 무언가 새로운 시도를 할 때, 주변 지인들이나 경험이 많은 분들에게 자문한다. 먼저 경험한 분들의 이야기 속에서 힌트를 얻는다. 나의 경우도 그랬다. 지금 사는 곳으로 이사 올 때 이 동네에 사는 부동산 중개사무소 사장님의 도움을 받았다. 그 사장님은 본인이 동네에 살고 있으면서 중개업을 하고 있다. 이 동네의 장단점을 꿰뚫고 있다. 본인의 영업활동에 적극적으로 활용한다. 소소하게 어느 마트가 싸고, 상품이 좋은지도 잘 알고 있다. 부동산 중개를 성공시킬 확률이 높다.

스키 타는 것이 한창 유행일 때가 있었다. 회사 선배가 나를 무조건 스키 매장으로 끌고 갔다. 내키지는 않았지만, 호기심은 있었다. '매장에 가서 구경만 하고 와야지'라고 생각하며 선배 손에 끌려갔다. 판매 매니저는 내가 왕초보인 것을 알고, 자신의 경험을 섞어가며 자상하게 이야기했다. 마음이 흔들렸다. 그러다 결정적인 말 한마디가 훅 들어왔다.

"남 선생님, 다음 주 휴무 날 전세버스로 스키장에 가는 스케줄이 있어요. 만약에 가신다면 제가 옆에서 도와드릴게요."

나도 모르게 결제카드를 그 매니저에게 전했다. 그 매니저의 경험 사례와 자상한 코칭이 내 마음을 흔들었다. 고가의 스키 세트를 기분 좋게 구매했다.

유통 회사에서 근무를 하기 때문에 항상 깔끔해야 한다. 서비스업의 특징이다. 양복도 몸에 꼭 맞게 입어야 한다. 풍기는 분위기가 신뢰감이 있어야 한다. 단골 신사복 판매장이 있다. 그 매장 매니저는 프로다. 백화점 신사복 매장에서만 20년 이상의 노하우를 갖고 있다. 옷을 맞추러 가면 "요즘 유행은 어떻고, 원단은 무엇이 좋다"고 섬세하게 응대한다. 본인의 20년 이상의 경험에서 묻어나는 멘트는 '신뢰' 그 자체다.

판매 매니저의 경험을 곁들여서 고객에게 이야기하면 판매 성공률이 높아진다. 만약 판매 사원이 경험이 풍부하지 않은 상황이면 어떡하나? 겁먹지 말자. 경험을 곁들이라는 것은 사례를 곁들이라는 이야기다. 비유를 잘하면 된다. 그 모든 것들이 경험을 곁들여 설명하는 역할을 한다. '비유'만 잘해도 고객은 그것을 경험으로 받아들인다. 단, 과장하면 안 된다. 상품을 팔 욕심에 말하는지, 진실하게 말하는지 설명하는 순간, 고객은 알아차린다.

화장품 매장에 립스틱을 구매하러 온 고객이 있다고 가정하자. A매니저는 "이번 가을에 유행하는 재즈와인 컬러입니다. 가격도 괜찮고 많이들 사가세요"라고 말했고, B매니저는 "지난주 TV에 ○○배우가

사용한 재즈와인 칼라입니다. 그래서 그런지 오늘 고객들이 많이 문의
하십니다"라고 말했다.

어느 매니저의 판매 성공률이 높을까? 다들 눈치채셨겠지만, B매니
저의 성공률이 높았다. A매니저나 B매니저 모두 사실을 전달했다. B
매니저는 여배우가 바르고 출연한 것을 비유로 들어 고객 경험을 전달
했다. '오늘'이라는 시간을 이야기하며 고객을 도와주는 멘트를 한 반
면, A매니저는 평이하게 응대했다. 고객들은 대부분 유행을 알고 매장
을 방문한다. "많이들 사가세요"는 막연한 멘트다. 또한 "가격이 괜찮
다"고 했는데, 립스틱 가격은 대부분 크게 차이 나지 않는다.

경험이나 비유를 말할 때도 적확하게 설득될 수 있는 언어를 써야
한다. 요즘 취업난이 심하고 경기가 어렵다. 경기를 반영하는 듯 아파
트 경비실에 과외 구하려는 전단이 게시된 것을 자주 목격한다. 두 개
의 사례를 보자.

첫 번째, 수학 과외 구함, S대 재학 중, 중·고등학생 모두 가능.

두 번째. 수학 과외구함, Y대 수학과 재학 중, 고2 전문.

대부분의 학부모는 두 번째를 선택할 것이다. 수학과 재학 중이고,
고2 전문을 하게 되면 저학년 과정은 당연히 잘할 것으로 판단되기 때
문이다. 나의 아내도 같은 의견이었다.

상품 설명에 대해 경험을 섞어서 이야기하더라도 시간 안배를 잘해
야 한다. 세일즈 메시지는 두루뭉술하면 안 된다. 말 한마디의 강약 조
절에 따라서 구매 여부가 달라질 수 있다. 예를 들어보자. 세 가지의

상품을 6분 이내에 고객에게 설명하고 구매하게 하려면 어떻게 시간 배분을 할 것인가? 고객은 하나의 상품만 구매할 예정이다.

A방법은 2분씩 설명한다. B방법은 주력상품에 4분을 할애하고, 나머지 상품에 1분씩 사용한다. 어느 방법을 택할 것인가? 어느 정도 답이 예측되는가? 맞다. B방법이다. 판매 사원이 자신 있는 상품을 고객의 뇌리에 각인시켜야 한다. 공평하게 설명하고 고객에게 선택하라고 하면 고객은 판단을 유보할 수 있다. 확신이 안 서기 때문이다. '이것도 좋고, 저것도 좋고' 하면 고객은 힘들다. 하나에 집중해서 설득하는 것이 효과적이다.

고객들은 경험을 공유하고 싶어 한다. 판매 매니저의 경험을 사례로 설명하더라도 간접 경험이 되어 고객이 경험을 느끼는 분위기가 될수 있다. 스타벅스 리저브 매장을 가는 사람은 마음 편히 바리스타와 대화하고 싶을 것이다. 검은색 앞치마를 착용한 직원들이 커피 마스터다. 스타벅스 회사 내에서 시험을 통과해야 검은색 치마를 입을 수 있다. 검은색 치마를 잘 보면 별이 새겨져 있다. 우수 바리스타들이다. 주문 단계에서부터 커피 마스터들과 공감할 수 있다. 원두의 양과 무게를 얼마로 해야 하는지 등 커피에 관한 세세한 질문을 할 수 있다. 그 질문에 예외 없이 상냥하고도 배려 있는 커피 마스터들이 고객을 응대한다. 스타벅스가 왜 문화 공간의 코드가 되었는지 잘 알 수 있다. 고객은 그 문화 공간에서 경험한다.

나는 마케터로서 고객의 마음을 알기 위해 노력했다. 무엇을 원하는지 분석했다. 지금은 고객들이 스스로 알아서 일상의 삶을 각종 SNS

로 쏟아내고 있다. 어느 회사가 돈을 주고 부탁한 것도 아니다. '나 이렇게 살아요' 하며 실시간으로 SNS에 올린다. 경험을 공유하는 것이다. 이런 세상의 변화는 기업과 고객의 정보 역전 현상을 가져오기도 한다. 고객들의 경험을 기업들이 오히려 따라가는 현상이 빚어지고 있다. 고객들의 라이프 스타일을 좇기 바쁘다. 최근 20~30대 중심으로 요가가 인기다. 요가 관련 유튜버도 많다. 자신을 위로하는 영적인 충만함과 몸매를 관리할 수 있다는 포지션을 하고 있다. 집중력이 고도로 필요한 운동이라 성취동기가 뚜렷한 사람에게 인기다. 또한 사람들은 최근 맛집 투어에 많은 관심을 두고 있다. 여행지를 다니면서 느끼는 순간들을 올린다. 몸 만들기 프로그램도 최근 인기를 얻고 있다.

사람들은 오늘도 일상의 사진들을 SNS에 올려 공유한다. 자신의 삶을 남들과 공유하는 것이 당연해진 세상이 되었다. 나만의 특별한 경험을 올리기 위해 노력한다. 마케팅과 세일즈를 하는 사람들은 고객의 이런 일상도 깊게 알고 있을 필요가 있다. 고객의 라이프 스타일을 디자인해야 한다. 트렌드를 민감하게 알고, 고객 소구 포인트를 선제적으로 기획할 필요가 있다. 고객과 일상의 경험을 공유한다. 나의 브랜드도 고객 일상의 한 부분이 된다면 성공이다. 인스타그램을 통해 더욱 확대 재생산된다.

매장에 온 단골 고객이 서로 SNS에서 공유하는 관계라면 훨씬 대화의 내용이 풍부해진다. 이렇게 되기까지는 쉽지 않다. 노력할 것을 권한다. 서로 스토리를 공유하자는 이야기다. 자기가 맡은 브랜드의 스토리를 깊숙이 아는 판매 매니저들이 드물다. 경험을 곁들여 판매하자는 이야기는 자기 상품에 대한 감성적 스토리를 알고 고객에게 설명할 수 있어야 한다는 뜻이다.

필기 브랜드 '모나미 153'은 볼펜이다. 그냥 대중적인 볼펜이다. 제자를 구하러 바닷가에 나간 예수가 어부 베드로에게 말했다.

"내가 말한 곳으로 그물을 던져라."

순종하는 마음으로 베드로는 예수가 지시한 곳에 그물을 던졌다. 물고기 153마리를 잡았다. 어떤가? 모나미라는 일반 볼펜이 스토리텔링이 되어 고객의 머릿속에 인식되는 순간이다.

근 30년을 회사생활 하면서 삶의 모든 관계는 서로의 경험을 공유하면서 성장한다는 것을 깨달았다. 날것 그대로의 스토리를 허심탄회하게 공유할 때 행복했다. 성과를 달성하기 위해 언어로 포장도 했다. 목표가 달성되었다 하더라도 뒷맛이 개운치 않았다. 판매현장은 고객의 더 나은 라이프 스타일을 제안하는 곳이다. 고객의 행복을 만들어 주는 곳이다. 마케터로서 깨닫는 것은 언제나 고객은 '옳다'라는 것이다. 고객을 가르치려 하지 말자. 고객의 일상을 탐구하자. 나의 경험을 곁들여 진실하게 설명하되, 강요하지 말자. 내가 먼저 진실의 언어들을 공유할 때 고객의 반응은 뜨거웠다.

나의 경험을 고객과 공유하자. 고객의 라이프 스타일을 탐구하자. 상품 스토리를 경험하자.

06

판매는 타이밍,
이슈를 찾아라

인생은 타이밍이다. 때가 있다는 말이다. 사람은 때에 맞춰 성장하게 된다. 교육을 받을 때, 직업을 구할 때, 가정을 꾸릴 때, 자식들을 키울 때, 사회생활을 할 때, 은퇴할 때, 인생 2막을 열어갈 때, 세상과 이별할 때 등 시간의 흐름에 따라 인생은 흘러간다. 삶의 여정을 누구는 만족하고, 어떤 이는 후회한다. 어떻게 살 것인가?

사람은 아기 때부터 그 시기에 맞는 물건들을 소비한다. 스스로 만들어서 필요한 것을 사용하기도 하지만, 대부분은 필요한 것을 사서 쓰게 되어 있다. 이런 과정에서 돈을 벌기도 하고, 쓰기도 한다. 필요한 때에 적절한 상품을 구입하면 만족도는 올라간다. 세월이 흐르더라도 인간의 소비는 계속된다. 인간의 역사는 소비의 역사다. 사람들은 생활 수준이 넉넉해지면 생존의 소비에서 자아실현의 소비로 바꾼다. 필요 소비에서 가치 소비로 전환되어가는 자신의 모습을 발견하게 된다. 버킷 리스트들을 작성할 때 대부분의 사람들은 '부자가 되면 ○○

을 할 거야'라며 경제적 자유를 추구한다. 시간으로부터 자유를 추구하는 사람도 있다. 삶의 여정 속에서 시간과 돈으로부터 해방되는 것은 모두의 로망이다.

인생에서 타이밍이 중요하듯이 고객과 만나는 판매현장에서는 타이밍이 중요하다. 상품은 팔리는 때가 있다. 그 시기를 잘 포착해야 한다. 그 시기는 고객들 개인의 삶의 필요에 의해 결정된다. 적절한 상황과 때가 맞아야 상품을 구매하게 된다. 적절한 상황은 이슈다. 이슈가 있을 때 각자의 주머니 사정에 비추어 형편에 맞는 상품이나 서비스를 구매하게 된다. 이럴 때, 현장에 있는 세일즈맨들은 가이드 역할을 한다. 고객의 상황을 파악해 상품을 제안한다. 고객이 즐겁게 구매하면 세일즈를 한 판매 매니저는 최고의 가이드가 된다. 최고의 가이드가 되려면 어떻게 해야 할까? 자기가 취급하는 상품을 고객의 상황을 가정해 미리 준비한다. 고객들은 각자의 삶에 바쁘다. 단골 고객의 라이프 스타일을 아는 판매 매니저는 고객에게 제안한다. 의류를 판매하는 매니저는 계절에 맞게 신상품이 출시되기 전에 고객에게 미리 정보를 제공한다. 식품 매니저는 때에 맞는 제철 식재료가 들어오면 고객에게 정보를 제공한다. 미리미리 준비해 고객에게 제안하는 매니저는 실적이 좋을 수밖에 없다.

마케팅 팀장 때 컨시어지 서비스를 운영한 적이 있다. 백화점의 컨시어지라는 개념은 고객들이 여러 매장을 돌아다니며 쇼핑하는 불편을 최소화하며 일대일 맞춤으로 쇼핑을 도와주는 서비스다. 일대일 쇼핑

컨설턴트라 생각하면 된다. 백화점 매출 상위 최우수 고객들을 대상으로 진행했다. 고객의 방문 예약을 받고, 해당 날짜에 맞추어 상품을 준비한다. 별도의 컨시어지룸에 여러 브랜드의 상품을 미리 준비한다. 고객의 구매 타이밍에 맞춰 적극적으로 도와주는 서비스다.

어떤 일이든 처음 시작할 때는 시행착오가 있게 마련이다. 컨시어지 서비스의 취지는 좋았으나 매장에 있는 브랜드들이 비협조적이었다. 여러 브랜드의 옷을 컨시어지 담당자가 모아야 하는데 쉽지 않았다. 브랜드 매니저들은 '옮기는 과정에서 옷이 상할 수 있다', '고객이 브랜드로 오시면 잘 서비스하겠다' 등 갖가지 이유를 들어 피해갔다. 브랜드들이 협력회사들이어서 협조가 되어야 원활한 서비스가 될 수 있다. 고객들도 쑥스러워했다. 최고의 VIP고객이지만, 컨시어지룸에서 여러 브랜드를 한꺼번에 모아놓고 비교하면 꼭 사야 한다는 부담을 느끼는 듯하다. 이러다 보니 실적도 별로 좋지 않았다. 고객이 편안한 상태에서 최고의 서비스를 제공하려던 서비스는 결국 유명무실해졌다. 적절한 타이밍에 고객들의 구매 이슈에 맞추려던 의도였지만, 그때 당시로는 컨시어지 서비스는 시기상조였다. 최근에는 여러 장르에서 컨시어지 서비스를 시도하고 있다.

나는 소중한 경험을 했다. 아무리 좋은 것이라도 타이밍에 맞지 않는 경우는 고객의 선택을 받을 수 없다. 이슈를 억지로 만들고 포장해 고객에게 전달하면 안 된다. 고객이 인정하는 이슈가 아닐 때는 실패할 확률이 높다는 것을 교훈으로 새겼다.

회사 연수원에서 교육을 받기도 하고, 강의를 했던 적이 여러 번 있다. 그때마다 눈치 없는 사람(?)이 있다. 쉬는 시간에 질문하는 사람이다. 강사도 사람이고, 교육생도 인간이다. 쉴 때는 쉬어야 한다. 눈치 없는 분의 열정은 이해한다. 하지만 '타이밍을 맞추면 더 좋을 텐데' 하는 아쉬움이 남을 때가 있었다. 타이밍을 잘 잡으면 대우받으며 즐길 수 있다.

조류인플루엔자로 인해 오리고기 전문점들이 매우 힘들 때가 있었다. 익히거나 끓여서 먹는 것은 인체에 전혀 해를 주지 않는다. 일부러는 아니지만, 오리고기를 좋아하는 우리 가족들은 개의치 않고 이용한다. 찾아오는 사람이 많아서 줄을 꽤 서야 들어갈 수 있었던 식당이다. 조류인플루엔자로 인해 오히려 쾌적하게 이용할 수 있었다. 역발상이다. 식당 사장님도 서비스를 더 잘해준다. 기막힌 타이밍이다.

어느 해 11월로 기억된다. 겨울 패딩 광고와 모피 광고를 대대적으로 냈다가 실패한 경험이 있다. 백화점들은 11월 초에 대대적인 선물 프로모션을 진행한다. 겨울을 준비하는 시즌이기 때문이다. 전단 광고 앞면에 패딩 이미지 컷을 실었다. 표2에는 모피를 크게 게재했다. 아뿔싸! 전날 9시 뉴스에 따뜻한 겨울을 예고하는 방송이 나왔다. 광고를 낸 효과가 없었다. 타이밍이 맞지 않았다. 날씨 점검을 못 했다. 아웃도어 상품 또는 건조한 피부를 관리하는 화장품 광고에 할애를 좀 더 해야 했다. 바로 그다음 광고에는 날씨에 맞는 상품들로 긴급 수배해 촬영했다. 하지만, '버스가 지나간 뒤 손 흔드는 모습'이 되었다. 이런 시행착오를 한 후에는 반드시 날씨 예보를 확인하는 버릇이 생겼다. 날씨가 마케팅이다.

　이슈를 잘 살려야 한다. 우리나라는 2002년 월드컵 4강에 올랐다. 온 국민이 열광하는 이 절호의 기회를 활용하기 위해 우리 마케팅팀은 머리를 짜냈다. 이런 때에 기업들은 홍보에 올인한다. 애국 마케팅을 생각했다. '태극기'다. 국내에서는 광고에 국기를 사용한 사례가 없었다. 전 세계적으로 사용한 적이 있는지 광고 회사인 제일기획에 조사를 부탁했다. 유일하게 미국 '수퍼볼(미식축구)' 행사에 성조기가 사용된 적이 있었다는 연락을 받았다. 나는 15단 전면 신문광고에 태극기와 응원의 메시지를 광고했다. 신문 귀퉁이에 가위 표시를 했다. 사람들이 신문을 절취하면 종이 모자로 만들어 쓸 수 있게 했다. 거리 응원에 필요할 것이라 생각했다. 6월 중순이라 햇볕이 따갑기 때문이다. '애국 마케팅'은 계속 진행되었다. 전국 점포의 광고판에 대형 태극기가 뒤덮이도록 제일 큰 사이즈로 대형 현수막 광고를 했다. 결과는 대성공이었다. 월드컵 이슈를 선점한 것이다. 매출도 경쟁사를 누르는 실적을 달성했다. 타이밍을 활용한 이슈 선점의 중요성을 깨닫는 월드컵 마케팅이었다.

　유통회사를 포함한 서비스 회사들은 시즌에 따라 고객들의 수요를 선점하는 것이 중요하다. 계절의 힘은 거의 절대적이다. 세계적인 호텔인 '포시즌'은 이름 자체가 사계절이다. 계절을 극복하는 상품들도 중요하다. 광고 홍보의 중요성은 이럴 때 나타난다. 사계절 내내 성수기로 만들어야 한다. 그러려면 이슈 포인트를 잘 잡아야 한다.

상품에 따라서 하루 중에서도 잘 팔리는 시간이 있다. 지금 같이 24시간 쇼핑을 할 수 있는 세상에서는 팔리는 시간대별 고객 전략과 상품 구성이 매우 중요하다. 백화점 식품 매장에서는 오후 5시부터 반찬 등 식재료 행사에 들어가는 경우가 많다. 그 시간은 퇴근하는 직장인들이 몰리는 시간대다.

특별한 날 'Day 마케팅'을 놓치지 않아야 한다. '어버이날' '어린이날', '설', '추석' 등 기프트 시즌을 잘 활용해야 한다. 밸런타인데이로부터 시작되는 매달 '14일'을 'ㅇㅇDay'로 재미 삼아 만들기도 하는 세상이다. '물 들어올 때 노 젓는다'라는 말이 있다. 타이밍에 맞는 고객과의 대화로 구매 성공률을 올려야 한다. 조그마한 이슈라도 살려서 고객과 인연을 만들어야 한다. 고객의 생일이나 결혼기념일 등은 좋은 이슈다. '때'를 잡아야 한다.

고객은 항상 '때'가 있기 마련이다. 상품과 고객의 '때'를 맞춰보자. 지속해서 이슈를 찾자.

07

고객의 니즈를
간파하는 언어를 써라

중국과 한국 사람들은 체면을 중시하는 문화다. 사회적으로 체면을 지키기 위해 외형에 민감하다. 자동차, 집, 가구도 큰 것이면 좋다. 의료보험 체계가 잘되어 있는 영향도 있지만, 대형병원으로 사람들이 몰린다. 같은 상품이라도 백화점 쇼핑백에 담긴 상품은 더 좋아 보인다. 백화점 매장에서 값비싼 상품을 판매 사원으로부터 제안을 받으면 비싸다는 표현 대신 "내 취향은 아닌 것 같아요"라며 살짝 에둘러 말한다. 체면 때문이다.

주변을 돌아보면 유명 브랜드의 가방을 심심찮게 볼 수 있다. 그런데 이 중 '짝퉁'도 많다. 모조품이다. 과시적 소비다. 외형적 모습에 민감한 우리나라의 체면 의식과 통한다. "이 정도쯤은 누구나 소비할 수 있다"라는 욕구와도 연관된다.

사회생활을 하면서 만나는 사람들의 호칭이 애매할 때는 서로 '사장님'이나 '사모님'으로 통칭해 부른다. 상대방의 체면을 세워주는 호칭이다. '아저씨'보다는 '사장님'으로, '아줌마'보다는 '사모님'으로 부르면 대화가 부드럽다. 서로 체면을 생각해서 예의 있게 행동할 때가 많다. '사장'이 아니어도 '사장님' 소리를 들으면 왠지 그렇게 행동해야 할 것 같은 기분이 들 때도 있다. 백화점이나 쇼핑몰에서 근무하는 서비스 업종 사람들은 '고객님'으로 통일해 호칭을 사용하고 있다. 예전에는 브랜드마다 '이모님', '고모님', '어머니', '삼촌', '선생님' 등으로 상황에 맞춰 부르곤 했다. 하지만 지금은 호칭을 통일해 '고객님'으로 부른다. 그것은 인격적으로 대등한 관계의 표현이다. 그리고 프로다운 판매 전문성을 유지하기 쉽다. 고객의 니즈 파악을 위해서 여러 가지 시도를 한다. 호칭의 통일된 사용도 여러 시도 중 하나다.

"이 상품의 강점은 ○○이고요, 가격 대비 성능이 우수합니다. 지금 구매하셔야 사은 행사로 드리는 상품권을 챙겨드릴 수 있고…."
"네, 잘 알았어요. 좀 돌아보고 올게요."
흔히 볼 수 있는 판매 사원과 고객과의 대화다. 판매 사원들은 말이 빨라진다. 말이 많아진다. 판매해야 한다는 압박감에 더 그렇다. 자기 말만 쏟아내는 것이다. 고객의 니즈를 알려면 고객의 말을 들어야 한다. 고객은 판매 사원의 쏟아내는 말을 듣는 듯해도 속으로는 딴생각을 하고 있는 경우가 많다. 체면 문화에 익숙한 고객들이기 때문이다.

적절한 질문으로 고객의 니즈를 파악하는 것이 좋다. 내가 알고 있는 유능한 A판매 사원은 "이 상품의 강점은 ○○이에요. 혹시 다른 곳에서 들어보셨나요?" 이렇게 질문했다. "아, 예. 페이스북에 많은 이야기가 돌고 있어요. 저도 호기심에 매장에 들렀어요." 고객이 어떤 경로로 매장에 방문했는지 알 수 있다. 자신이 말을 많이 하는 것이 아니라, 고객이 말을 많이 하도록 배려하고 짧은 질문으로 유도하라. 고객과의 대화에서 고객보다 말을 많이 하는 판매 사원은 무조건 실패할 확률이 높다. 고객에게 화려한 말이나 상품, 가격으로 설득하지 마라. 그리고 짧게 질문하면서 자연스럽게 고객이 진짜 하고 싶은 말을 하도록 유도하자. 질문과 대답이 오가는 중에 정말로 무엇을 원하는지 알게된다. 고객이 망설이는 이유, 구매하고 싶은 이유, 궁금한 점 등에 맞춰 응대하면 된다. 고객이 진짜로 듣고 싶어 하는 말을 해주는 판매 사원이 최고의 판매 사원이다. 고객의 니즈를 정확히 포착한 것이다. 그것이 효율적이고, 효과적이다.

내가 근무하는 곳에 안경점을 운영하는 J사장님이 있다. 나에게도 여러 번 얼굴에 맞는 안경을 제안해 구매한 적이 있다. 강남 S백화점 지역에서만 20여 년 동안 안경점을 운영하고 있다. J사장님에게는 노하우가 있다. 고객이 매장에 들어오면 얼굴을 탐색한다. 고객이 저렴한 안경테를 쓰고 있다면 국산 안경테 진열장으로 안내한다. 수입 안경테를 쓰고 있다면 수입 안경테 진열장으로 고객을 안내한다. J사장님은 고객의 스타일에서 벗어나지 않는 범위에서 안경테 제안을 한다고 한다. 비슷한 유형으로 권해줄 때 판매 성공률이 가장 높았다고 한다. 생각해보니 일리가 있다. 나도 안경을 쓰고 있다. 전혀 새로운 방식의 안경테는 거의 쓰지 않는다. J사장님의 고객의 니즈를 간파하는 안목이 대단했다. 고객에 대한 통찰력이다. 겉으로 드러나지 않는 고객의 내면을 정확히 캐치한다. J사장님은 단골 고객이 많다.

또 다른 사례를 소개한다. 내가 근무하는 단지 내에 있는 이탈리안 스파게티 전문점이다. 캐주얼한 모임이 있을 때 가는 곳이다. 몇 달 전 증권회사 사람들과 업무에 관한 미팅도 하고, 점심도 할 겸 그곳을 예약했다. 약속 당일 시간에 맞춰 레스토랑에 도착했다. 증권사분들은 공개적인 테이블에 앉아 있었다. 나를 본 레스토랑 매니저는 살짝 이야기했다.

"중요한 미팅인 것 같은데 PDR(Private Dining Room : 예약으로만 한정적으로 이용할 수 있는 레스토랑 내 장소로, 별도로 만들어놓은 서비스 공간)로 안내해드릴게요."

그분들의 분위기와 내가 레스토랑으로 들어오는 모습을 보고 파악한 것이다. 증권사분들과 PDR로 이동해서 식사하며 업무 이야기도 나누며 식사를 했다. 식사가 거의 끝날 무렵, 그 매니저가 PDR로 들어와 "저희 집 커피가 맛있습니다. 우리나라에서는 저희 레스토랑에만 맛볼 수 있어요. 서비스로 드리겠습니다"라고 말했다. 증권사분들이 감동하는 모습이 역력했다. 센스 있는 레스토랑 매니저의 소중한 서비스 덕분에 우리 회사 비즈니스 매너가 한껏 올라갔다. 고객인 나의 마음을 꿰뚫었다. 너무 고마웠다.

같은 회사에 다니는 후배에게 들은 이야기다. 그 후배는 현재 S백화점 생활 매장 팀장이어서 가전제품을 구매하는 고객들의 성향을 잘 안다. 그는 유능한 판매 사원들은 판매하는 방법이 다르다며 지난봄에 에어컨을 판매한 경험을 나에게 이야기했다. 의미가 있어 소개한다.

가전제품들은 빅 메이커들 중심이다. 할인점과 제조사 전문점들과도 경쟁이 치열하다. 요즘 많이 바뀌기는 했어도 제조사 중심의 영업 형태가 많이 남아 있다. 고객에게 설명할 때도 철저히 기능 중심으로 설명한다. 2020년 여름은 폭염이었다. 매장에 고객들의 문의가 많았다. A사 판매 사원은 매뉴얼에 나온 성능의 우수성을 철저하게 고객에게 설명했다. 열심히 하는 사원이고, 회사에 대한 충성심이 매우 높았다고 한다. B사 판매 사원은 고객이 매장에 들어오면 에어컨을 왜 구입하려는지, 가족 구성원은 어떻게 되는지, 집안에 어르신이 계신지 등을 고객들의 분위기에 맞게 응대했다. 결과는 고객이 구매하기까지의 시간이 A사 판매 사원보다 B사 판매 사원이 짧았고, 매출도 B사 판매 사원이 더 좋았다. 고객의 마음을 정확히 캐치해야 한다. 공급자의 입장에서 고객을 응대하면 상품을 판매하더라도 힘들어진다.

상품이 넘쳐나는 세상에 살고 있다. 오프라인 매장은 위기라는 말이 공공연히 나돌고 있다. 고객들이 주문한 상품들은 시간의 제약을 받지 않고 전달된다. 오프라인 매장 중에서도 잘되는 곳은 더욱 잘되고 있다. 온라인 사업을 하는 쇼핑 채널들도 이합집산에 열을 올리고 있다. 살아남기 위한 몸부림이다. 디지털을 장착한 소매업체들은 고객들을 상대로 다양한 실험을 모색하고 있다. 변화하지 않으면 도태된다는 위기감이 팽배하다. 그 누구도 장담할 수 없는 리테일 환경이다. 이런 와

중에도 성장하는 브랜드가 있다. 끊임없이 고객을 연구하고 빠른 실행력으로 현장에 적용하는 브랜드가 성장한다. 고객의 체면 너머에 있는 진짜 마음을 읽어내야 한다. 상품의 기능에 초점을 맞추지 말자. 고객이 왜 이 상품을 구매하려는지 니즈를 간파해야 한다.

고객의 니즈에 초점을 맞추자. 고객에게 사용하는 언어를 점검하자. 고객의 급소를 찾자.

08

경쟁 상품을 객관적으로
비교하는 언어를 써라

'경쟁!' 살면서 가장 많이 듣는 단어 중 하나가 아닐까? 경쟁이 없다면 어떨까? 경쟁이라는 말의 부정적 뉘앙스를 지우기 위해 우리는 선의의 경쟁이라는 말을 많이 쓴다. 삶을 살면서 경쟁하며 살고 싶지 않다. 누구나 이런 생각을 할 것이다. 그러나 삶의 현장은 그렇지 않다. 경쟁하고 싶지 않아도 부지불식간에 경쟁하고 있는 나를 발견한다. 비즈니스 세계에서는 더욱 치열하다. 세상에 뜨는 상품이 나오면 비슷한 것들이 경쟁적으로 시장에 출시된다. 경쟁이 심하고 사람 사이의 신뢰를 찾기 힘든 곳이다. 어디를 가나 정글이다. 하지만 인생은 해석하기 나름이다. 이 정글 속에서도 즐겁게 생각하자. 과정을 즐기자. 스트레스받지 말자. 경쟁 상대나 경쟁 상품이 출현하면 동기부여를 받자. 인생은 나 자신과의 경쟁이라는 말을 믿어보자. 아무도 나를 신경써줄 만큼 한가로운 세상이 아니다. 나의 경쟁 상품은 나다.

세상은 만만하지 않다. 모든 것이 비교 대상이다. 집에 있는 것 중에서 세상에 없는 유일한 나만의 상품이 있는가? 아마도 예술 작품이나 소품 이외에는 거의 없을 것이다. 기능 측면을 고려했을 때 가지고 있는 물건의 대부분은 다른 곳에서도 만든다. 가지고 있는 그 물건을 어떻게 구입하게 되었나? 아마도 어디선가 정보를 얻고 구입했을 것이다. 정보를 얻는 과정에서 이것저것 비교도 많이 했으리라. 양팔 저울은 비교하기 좋다. 장사하던 우리 집에는 양팔 저울이 있었다. 이 저울로 친구들과 놀이를 했다. 한쪽에 사과를 놓고, 다른 한쪽에 배를 올려놓으면 비교가 된다. 어느 것이 더 무게가 많이 나가는지 금방 알 수 있다. 내 것과 친구의 것을 각각 올려놓기만 하면 된다. 서로 자기 것이 더 크고 무겁다고 티격태격할 일이 없다.

세일즈 현장에서는 상품을 돋보이게 하는 방법으로 비교 언어를 많이 쓴다. 고객에게 내 브랜드 상품만 설명하는 것보다 다른 브랜드 상품을 같이 비교하며 설명할 때 구매 성공률이 높아진다. 몇 년 전에 대형 할인점의 회사 동료로부터 판매 사원의 사례를 들었다. 지방의 할인 마트에 있는 삼성전자 판매 사원의 이야기다. 고객이 이것저것 비교해본 후, 판매 사원에게 "이 냉장고는 왜 ○○회사보다 비싼 거예요?"라고 물었다. 그 사원은 고객에게 말했다. "삼성이니까 당연히 조금 더 비싼 거죠. ○○브랜드와는 차원이 다르잖아요." 당당하고도 신뢰감 있게 말하는 판매 사원의 멘트에 반신반의하던 고객은 흔쾌히 냉장고를 구매했다고 한다. 비교하더라도 상품에 대한 확신이 없으면 설명을 당당하게 하지 못한다.

비슷한 라이벌 브랜드일수록 비교 판매를 하게 된다. 고객들은 상품을 인지하고 관심을 갖게 된다. 그다음에 감정적으로 좋은 생각이 들면 구매를 결정한다. 고객들은 비교 설명을 듣게 되면 단계별 의식의 흐름 없이 바로 구매하는 경향이 있다. 상품을 판매할 때 자기 브랜드만 설명하지 말고, 라이벌 브랜드를 객관적으로 비교해 설명하면 성공할 확률이 높다. 아이 노트북을 사러 갔다가 이런 경험을 했다. 판매사원은 성실하게 설명했다. 라이벌 브랜드 상품까지 객관적으로 비교하며 이야기했다. 망설이던 나는 굳이 다른 브랜드에 가서 또 설명을 들을 필요가 없었다. 구매를 결정했다. 기분 좋았다.

베스트셀러 《시크릿》에서 말하는 '끌어당김의 법칙'은 세상의 모든 존재는 비슷한 것끼리 모인다는 이야기다. 돌은 돌끼리, 물은 물끼리, 나무는 나무끼리 모여 있다. 사람 사는 세상도 마찬가지다. 성공한 사람은 성공한 사람끼리, 긍정적인 사람은 긍정적인 사람끼리 모이는 경향이 있다. 가난한 마인드는 가난한 마인드끼리 모인다. 상품 브랜드도 마찬가지다. 백화점 MD 개편작업(상품군 조정)을 할 때 브랜드끼리 엄청 치열한 눈치 싸움이 벌어진다. 내 브랜드 옆에 어느 브랜드가 들어오느냐에 따라 향후 매출에 영향을 주기 때문이다. 점포에 있는 영업팀장들은 MD개편 때마다 밀려드는 브랜드의 요구에 머리가 아플 지경이다. 백화점이나 대형 쇼핑몰에서는 유명 브랜드는 유명 브랜드끼리 이웃해서 배치하는 경향이 있다. 판매현장에서도 마찬가지다. 고객에게 비교하며 설명하되 어깨를 나란히 하는 힘이 센 브랜드와 비교해야 한다. 나의 브랜드가 설령 경쟁 브랜드보다 객관적으로 약한 브랜드라 할지라도 말이다.

전단이나 DM 광고 작업을 할 때 지면 싸움이 치열하다. 고객들이 광고를 받아보았을 때 브랜드가 어디에 노출되느냐에 따라서 고객의 인식이 다르기 때문이다. 신규 브랜드라 할지라도 유명 브랜드가 노출되는 지면에 같이 실리면 그 효과는 상당하다. 고객들은 매장에 올 때 집에 도착한 DM이나 휴대전화로 받은 E-MAIL DM을 소지하고 매장을 방문한다. 신규 브랜드 매니저 입장에서는 유명 브랜드와 비교해가며 고객에게 설명할 수 있는 절호의 찬스다. 나는 광고 작업을 할 때 이런 식으로 해 쏠쏠한 효과를 낸 적이 여러 번 있다.

백화점의 경우는 경쟁 백화점과 비교할 때 상품들은 대체로 비슷하다. 그 때문에 서비스 차별화에 몰두한다. 고객들은 서비스를 비교하고 단골 백화점을 선정하기도 한다. 백화점마다 특징적인 서비스가 있다. 잘하는가 못하는가의 문제보다는 주로 고객의 취향에 따라 정하게 되어 있다.

"담배로 망친 몸, 홍삼으로 되살리자"라는 우스갯소리가 있다. 담배 회사의 농담이다. 그런데 일리가 있다. 극단의 비교는 고객이 결정을 쉽게 할 수 있도록 도와준다. 회를 좋아하는 분들은 자연산과 양식은 가격 차이가 꽤 크다는 것을 알 것이다. 자연산이 양식에 비해 쫄깃하지만, 일반 사람들은 맛의 차이를 거의 느끼지 못한다. 나도 마찬가지다. 영양 측면에서는 오히려 양식이 더 우수하다고 한다. 항생제에 대한 염려가 있긴 하다. 양식하는 분들은 출하하기 전에 항생제를 없애기 때문에 문제가 없다고 주장한다. 냉정하게 보면 '자연산' 회와 '양식' 회는 종이 한 장 차이라 볼 수 있다. 극단의 비교에 익숙해져 있는 고객들의 소비 관행 때문에 가격 차이가 크게 나는 것일 수도 있다.

가을에서 겨울로 넘어가는 계절에는 가죽 상품들이 많이 나온다. 각 의류 브랜드에서는 가죽 상품뿐만 아니라 인조 가죽 상품도 신상품으로 같이 들어온다. 가죽 상품이 인조 가죽 상품보다 비싸다. 매장 판매 매니저는 어떻게 설명해야 할까? 내가 아는 유능한 매니저 A의 설명하는 요령을 예를 들어보겠다. 가죽 상품을 원하는 고객에게는 인조 가죽은 수명의 짧음, 보관 시 습기 발생 등 불편함을 부각해서 설명한다. 인조가죽을 원하는 고객들에게는 가죽 상품의 가성비가 없음, 사회 트렌드가 아님, 가죽 상품을 입을 일이 크게 없음 등을 설명한다. 망설이는 고객에게는 고객의 연령대나 패션 취향을 보고 조언한다. 판매 매니저는 카멜레온이 되어야 할 필요가 있다. 고객에게는 정확하고 객관적으로 설명하되, 결정은 고객이 하는 것이다. 상품에는 옳고 그름이 없다. 고객의 판단만이 있을 뿐이다.

우리 집은 얼마 전까지는 생수를 먹었는데, 지금은 정수기로 물을 먹는다. 어느 날 아내가 플라스틱에 담겨 있는 생수가 조금 그렇다는 것이다. 환경 오염도 있고, 이런저런 이야기를 했다. 나는 알아서 하라고 했다. 그날 저녁부터 정수기가 와 있었다. 나는 아내에게 갑자기 왜 먹는 물을 바꿨는지 물었다. 아내는 '대한민국 최고의 정수기 회사에 다니는 친구가 있는데 리얼한 설명으로 물에 대해 이야기하더라. 바꿀 필요가 있겠다고 생각했다'고 말했다. 나는 혼자 생각했다. '극단의 비교에 넘어가셨구먼.'

　백화점이나 대형 쇼핑몰에서 다니는 사람들은 좌불안석이다. 워낙 온라인 쇼핑이 대세다 보니 마음 한구석은 항상 긴장되어 있다. 온라인에서도 똑같은 상품을 판다. 가격은 더 싸다. 백화점 현장에서 상품을 구경하면서 온라인으로 구매하는 고객들도 있다. 현장에서 지켜보는 판매 사원들은 열불이 난다. 나는 판매 사원들에게 백화점의 강점을 크게 어필하는 방법을 이야기했다. 이미지만 보고 사야 하는 곳이 인터넷 쇼핑이다. 만져보지도 못한다. 배송되었을 때 나에게 맞는지 정확히 알 수 있다. 온라인 회사들이나 홈쇼핑 회사들은 반송 상품이 뜨거운 경영 현안이다. 백화점은 어떤가. 사후 관리부터 고객과의 친밀한 네트워크를 쌓을 수 있다. 각종 혜택으로 다른 곳에서 사는 것보다 오히려 가성비가 있다. 우리는 고객의 삶의 여정을 도와주는 컨설턴트다. 나의 교육에 사원들은 깊이 공감했다.

　누구나 인생을 살면서 비교되는 대상이 있다. 삶의 중심을 나에게 두어야 한다. 내가 알아가는 모든 지혜는 나의 마인드에서 비롯된다. 사회생활을 하는 공간에서 벌어지는 여러 가지 비교와 경쟁들은 나의 삶에 걸림돌이 아닌 디딤돌이다. 상품을 판매하는 접점도 마찬가지다. 경쟁 상품들은 내 상품의 디딤돌이다. 경쟁 브랜드를 철저히 연구하자. 연구하다 보면 내 상품의 장점이 부각되는 포인트가 있을 것이다.

그것을 나의 언어로 만든다. 고객에게 객관적으로 비교하며 설명한다. 고객은 만족하며 구매할 것이다. 당신의 든든한 단골 고객이 될 것이다. 확신한다.

경쟁 상품을 비교하는 훈련을 하자. 객관화된 차별화 포인트가 발견된다.

4장.

매출이
10배로 오르는
마케팅
비법 노트

세일즈는 상품이
기획되는 순간부터 시작된다

내가 존경하는 CEO께서 나에게 항상 이 말을 하셨다. "인생은 세 가지가 없다. 정답이 없다. 공짜가 없다. 비밀이 없다." 참 명언이다. 세일즈 시장에도 적용된다. '정답', '공짜', '비밀'이 없다. 명심해야 할 단어다.

처음 사귄 연인들이 선물을 주고받을 때 어떻게 하나? 온 정성을 다해 선물을 기획할 것이다. 연인의 생활을 자세히 관찰한다. 평소에 자주 하는 말이 무엇인지 생각한다. 무엇이 필요할지 상상한다. 내 주머니 사정은 어떤지 점검한다. 어떤 상황을 만들어 선물을 전달할 것인지 기획한다. 온 정신을 집중한다. 내가 마케팅 강의를 할 때 항상 하는 이야기다. '사랑하는 사람' 대하듯 고객을 대하라. 머리로는 알겠는데 참 어렵다. '사랑은 움직이는 거야'라는 어느 CF 대사가 생각난다. 바꿔서 이야기한다. "고객은 움직이는 거야." 움직이는 고객을 잡으려 하니 얼마나 힘든가?

현재의 세일즈 시장은 움직이는 차 안에서 KTX를 타고 가는 고객을 맞춰야 하는 상황이다. 과장된 표현일까? 고객과 처음부터 KTX를 타고 가면 힘들지 않다. 욕심부리지 말고 모든 초점을 고객에게 맞춰 본다. 고객의 소비 트렌드를 면밀하게 관찰한다. 현장에 즉시 적용한다. 지금은 속도전이다. 한꺼번에 자원을 투입하면 안 된다. '고객의 반응이 좋다'는 판단이 들 때 가용자원을 적극적으로 투입하라. 사랑하는 연인에게도 처음부터 큰 투자를 하지 마라. 낭패를 당할 수 있다.

대형 쇼핑몰이나 백화점에서는 고객들의 관심사를 지속적으로 탐구한다. 상품을 기획하고 고객들의 라이프 스타일에 맞도록 테마를 기획한다. 기획 단계에서부터 고객을 염두에 두고 처음부터 기획하는 것이다. 마케팅하는 사람들은 항상 새로운 테마를 어떻게 만들지 목마르다. 기획된 테마 속에서 개별 상품의 이미지를 잘 만드는 것이 마케팅의 핵심이다.

음식을 먹을 때 '무엇을' 먹느냐는 중요하다. '누구와' 먹느냐는 더 중요하다. '무엇이' 상품이라 한다면 '누구와'는 테마다. 상품의 특성을 잘 끄집어내서 스토리텔링이 된 테마를 기획한다면 금상첨화다. '구슬이 서 말이라도 꿰어야 보배'라는 속담이 있다. '구슬'이 상품이라면 '꿰어야'는 테마다. 테마로 장착된 메시지는 고객에게 사랑받을 수 있다. 누구나 공감할 수 있는 테마를 만드는 메신저 역할을 마케터들이 한다. 백화점에 시즌별로 신상품이 들어오면 스토리를 만들어 테마를 기획하는 것은 항상 나의 몫이었다. 마케터의 숙명이다. 고객을 면밀하게 분석 후 트렌드에 맞도록 상품에 생명을 불어넣는 작업이다. 테마 기획이다.

　과장 때의 일이다. 본사 마케팅실에서 근무하다가 강남으로 발령이 났다. 점포의 임원은 별로 달가워하지 않았다. 어느 조직에나 있게 마련인 본사와 점포 간의 심리적인 눈치 때문이었다. 며칠 전까지 본사에서 점포와 의견을 나누던 나였다. '마케팅 프로모션의 방향은 어떻게 하는 것이 좋겠다', '마케팅 비용은 얼마이니 예산 내에서 집행해야 한다' 이런 지시 아닌 지시를 받던 점포의 수장이 나를 좋아할 리 없었다. 전임 마케팅 과장은 점장의 인정을 받는 사람이었다. 나보다도 선배였다. 나는 이런 것을 극복하기 위해 열심히 했다. 그때 점포는 아직 강남 상권 1등을 못 하고 있을 때였다. 나는 1등 점포를 달성시키라는 회사의 미션을 받고 발령이 난 것이다. 점장의 인정을 받기 위해 고군분투했다. 같은 마케팅 업무라도 현장에 와 보니 많이 차이가 있었다. 현장은 야전부대다. 점장의 신임을 받기 시작했다. 의지가 되었다. 테마를 기획한 것들이 시행착오를 거치면서 슬슬 반응이 나타나기 시작했다.

　의욕을 갖고 사계절 테마 기획을 했다. 사계절 남녀의류 상품들을 모아서 대형 이벤트홀에서 프로모션하는 행사였다. 사계절 테마 기획의 핵심은 고객들이 찾을 만한 상품들의 물량을 확보하는 것이다. 유명 브랜드 상품으로 신상품과 품질은 비슷해야 하고, 가격은 확실하게 메리트가 있어야 한다. 모든 고객 채널을 활용해 광고했다. 결과는 보통 수준에 그쳤다. 시행착오였다. 어떤 테마 행사를 하더라도 가성비 없는 상품 행사는 앙꼬 없는 찐빵과 같다. 상품의 물량은 많았는데 가격 메리트가 그다지 없었다. 강남 지역이라 가격에 별로 민감하지 않을 줄 알았는데 그게 아니었다. 고객은 많이 왔으나 구매는 보통 수준이었다. 그 당시 있었던 카드대란으로 사회적 분위기도 한몫했다. 점장님은 오히려 격려해주셨다. "시행착오는 누구나 있게 마련이니 다음에 더 잘해보자"라는 말씀에 용기를 얻었다.

백화점은 여성 고객이 먹여 살린다고 해도 과언이 아니다. 트렌드가 아무리 바뀌더라도 가정 경제의 키는 여성들이 가지고 있다. 대부분의 유통시설은 1층에 화장품 매장이 있다. 백화점의 테마를 이끌어가는 주력 장르다. 화장품 매장을 이용하는 단골 고객들은 다른 장르의 상품도 구매할 확률이 높다. 이것을 '전후방 연관 효과'라고 부른다. 나는 화장품을 주력 장르로 키우기로 했다. 결과는 주효했다. 화장품 단골 고객이 눈에 띄게 늘었다. 그해에 바로 강남 상권 1등점이 되었다.

세일즈는 근성도 있어야 하지만 기획력이 있어야 한다. 누구나 최선을 다해서 영업을 한다. 하지만 매출의 결과는 다르다. 모두가 최선을 다하고 있는데 왜 그럴까? 절실함으로 표현되는 근성은 반드시 필요하다. 많은 세일즈맨들이 열심히 뛰고 있다. 스트레스와 싸우고 또 불안한 앞날과 싸우면서 말이다. 하지만 성과를 내기 위해서는 초기부터 고객의 니즈를 정확히 파악해 기획해야 한다. 노력과 결과는 다르다. 요즘도 간혹 무작정 돌아다니며 전단지 뿌리고 파라솔 밑에서 홍보 활동을 하는 모습을 볼 수 있는데 안타깝다. 현수막을 걸고 땀 흘리며 열심히 하는 것이 열심히 일하는 것이라는 생각은 잠시 접어두자. 스마트한 방법을 생각하자. 20여 년 전 선배들의 경험담을 그대로 받아들이지 말아야 한다. 더 이상 근성만으로 일하는 시대는 지나갔다. 시장 환경에 대한 예측, 본인에 대한 애정, 긍정적인 마인드, 진실한 설득, 소소한 재미 등이 세일즈 활동에 버무려져야 한다.

세일즈를 시작하기 전에 성공에 대한 강한 욕망이 필요하다. 동기부여가 필요하다. 사람을 움직이고 생각하게 한다. 자신만의 뚜렷한 목표를 세워야 한다. 상세한 꿈을 그려보자. 그리고 종이에 써보자. 구체적으로 리스트를 작성해보자. 본인이 업으로 하고 있는 상품이나 서비스 기획은 저절로 될 것이다. 물은 100℃가 되어야 끓는다. 처음부터 크게 생각하지 말고 차근차근 기획하자.

예를 들면, 최근 1년 동안 고객들의 리스트를 검색해 나만의 기획을 다시 해보자. 브랜드의 경우는 회사가 사용하는 고객 분석 장치가 있을 것이다. 그것에 의존하지 말고 자기만의 노하우를 쌓아갈 수 있는 개인 분석 노트가 필요하다. 자영업을 하는 사람들은 매일 일기 쓰듯이 고객 일기를 써보자. 고객과의 대화에서 느꼈던 점도 좋다. 고객이 컴플레인을 말했다면 정말 좋은 재료다. 고객 일기를 적어보자. 쓰다 보면 기획할 거리가 나온다.

세일즈를 하기 전, 성공에 대한 강한 욕망을 갖는 것이 무엇보다 중요하다. 강한 욕망을 지속적으로 마음에 품고 유지할 방법은 '쓰는 것'

이다. 고객에 관해 쓴다는 의미는 내 상품을 철저히 돌아본다는 것이나 다름없다. 육하원칙에 따라서 기록해보자. 누가, 무엇을, 어디서, 언제, 왜, 어떻게 등으로 기록하다 보면 일정한 패턴을 발견할 것이다. 이 패턴을 활용해 기획해본다. 거창한 이야기가 아니다. 고객에 대해 계속 써보는 것이다.

쓰자! 성공에 대한 커다란 욕망이 있다면 고객 일기를 즉시 기록해보자. 세일즈의 시작이다.

일상에서도
판매의 고수가 되는 비법

삶을 살아가는 우리의 일생은 세일즈에 포위되어 있다. 우리가 살아가면서 선택하는 수많은 의사 결정은 결국 구매자가 되느냐, 판매자가 되느냐로 귀착된다. 우리는 항상 무언가를 팔고, 어떤 것을 산다. 우리는 모두 돈이 되는 것이든, 개인적 만족이 되는 것이든, 사회적인 것이든 사고판다. 세일즈를 하려는 자세는 인간 모두가 가지고 있게 마련이다. 일상이 세일즈다. 한 5년 전에 나에게 자동차를 판 말끔한 셔츠 차림의 세일즈맨은 유쾌하게 웃고 기분 좋게 응대했다. 여러 이야기를 하며 나와 친밀감을 형성했다. 내가 그 주간에 만난 누구보다도 기분 좋은 사람이었다. 그 자동차 세일즈맨은 삶 자체가 유쾌한 듯 보였다. 본인의 일상 자체를 즐기는 모양이었다. 그 자동차 영업소 내에서도 실적이 제일 좋다고 했다.

장사하든지, 개별 세일즈를 하든지 실적이 있어야 한다. 매출 실적을 예상하는 중요한 요인은 세일즈맨의 자기 역할 인식이다. 현장 마케팅 업무를 통해 느꼈을 때, 세일즈맨 본인이 자기 일을 어떻게 생각하느냐가 실적에 가장 큰 영향을 준다. 스스로 세일즈 일을 왜 하는지 인식하고, 판매하려는 대상이 누구인지 명확하게 파악하는 사람이 크게 성공한다. 세일즈에 대한 이해가 부족하고 마음의 갈등이 심할수록 매출 실적도 부진했다. 판매 방향을 잃고 되는 대로 그날그날 판매에 임한 사람은 실적을 올리지 못했다. 이럴 경우, 필연적으로 인간적인 갈등이 있다. 윤리적으로든, 인간관계든, 미래에 대한 불안감이든 온갖 갈등으로 갈팡질팡하는 경우를 많이 봤다. 이럴 땐 진지하게 회사나 상사와 상의하자. 이도 저도 아니면 혼자서 길을 찾아야 한다. 세일즈맨으로서 성공하고 싶다면 이 일을 왜 하는지, 나 자신에게 맞는 일인지 진지하게 검토해야 한다.

경험적으로 세일즈를 잘하는 동료들이나 후배들의 공통점은 일상이 항상 긍정적이다. 그들의 가슴에는 항상 열정이 남아 있다. 고객에게 거절당할 때라도, 슬럼프에 빠질 때라도, 잠시 지나치는 바람 정도로 인식하고 훌훌 털고 다시 시작하는 것을 볼 수 있었다. 그들은 상품을 판매할 때 '고객들의 삶을 풍요롭게 할 상품이란 것'을 주문처럼 외우면서 판매한다. 판매되는 상품이 고객의 현재와 미래를 연결하는 행복의 연결고리라는 확신이 있다.

사람들이 ○○백화점에 가는 이유는 대부분의 경우는 ○○백화점을 믿기 때문이다. 사람들이 ○○브랜드를 찾는 이유는 ○○브랜드를 믿기 때문이다. 사람들이 ○○세일즈맨을 찾는 이유는 ○○세일즈맨을 신뢰하기 때문이다. 나는 백화점 점포 마케팅 팀장으로 근무하면서 ○○브랜드의 ○○세일즈맨(판매 매니저)이 이동할 때 매출 실적이 크게 출렁거리는 것을 자주 경험했다. 사람들은 세월이 아무리 변하더라도 자신이 신뢰하는 대상들에 대해서는 무한 애정과 감사를 보내는 경향이 뚜렷하다.

나를 20여 년 이상 상담해주는 P보험 회사가 있다. 그 회사에 다니는 친구의 소개로 처음 인연을 맺었다. 세월이 흐르면서 내 친구는 다른 업종으로 이직했다. 그 후, 인수인계받은 사람인 K컨설턴트가 나를 지금까지 담당하고 있다. K컨설턴트는 진솔하게 나와 이야기한다. 보험 상품의 경우 가입하지 않기에는 찜찜하고, 가입하기에는 당장 경제적 부담이 되는 경향이 있다. 그럴 때마다 K컨설턴트는 사심 없이 적절하게 조언해준다. K컨설턴트는 보험 상품의 특성으로 인해 여러 가지 우여곡절이 많았다고 한다.

"고객들에게 생명보험에 가입하는 것이 쓸데없는 곳에 돈을 쓰는 것보다 낫다는 설득을 해야 했다"고 이야기했다.

"보험을 팔고 싶은 진심이 있어야 합니다. 처음에는 아무도 우리 같은 사람을 만나주지 않습니다. 생명보험은 죽음에 관한 상품이기 때문입니다. 매월 보험료를 내는 사람은 살아서는 아무런 보상을 받지 못합니다. 내가 죽은 뒤에 가족들에게 돌아가는 혜택이 있다는 믿음이 있어야 합니다. 오직 가족을 사랑하는 마음으로 가입하게 되는 것입니다."

K컨설턴트는 고객들에게 번번이 거절을 당해 그만두고 싶은 적이 한두 번이 아니었다고 한다. K컨설턴트는 그럴 때마다 "고객에게는 생명보험이 필요하고, 나는 고객에게 생명보험을 가입할 기회를 주는 것이다"라는 다짐을 여러 번 하며 극복했다고 한다. K컨설턴트의 진실한 멘트와 유쾌한 태도에서 신뢰를 느낄 수 있었다. 여러 고비를 넘기기도 했지만, 인맥도 넓어지면서 여러 사람들에게 추천받기 시작했다고 한다. 지금은 P보험회사 내에서도 상당히 인정받는 라이프 컨설턴트로 자리매김했다. K컨설턴트는 겸손하되 자존감이 있었다. 일의 본질을 꿰뚫어 볼 줄 아는 분이라는 느낌을 받았다.

실적이 좋은 세일즈맨과 좋지 못한 세일즈맨의 차이는 본인이 하는 일이 자기와 맞는다고 생각하는 일체감에 있다. 성공하려면 일상 속에서의 자기 삶이 일과 긴밀하게 얽혀 있다고 생각해야 한다. 세일즈의 고수는 매일의 일상을 조율할 수 있는 능력이 있다. 상품을 판매할 때마다 우울해지고 의기소침해지면 안 된다. 고객이 어떤 반응을 보이든지 감정적으로 위축되면 안 된다. 고객과 보이지 않는 싸움을 사랑하고 그것을 즐길 수 있어야 한다. 회사나 조직에 몸담고 있는 많은 사람들은 업무에 시달리거나 권태감을 느낄 때 퇴사하고 장사나 할까 하는 생각을 한다. 생활이 힘들다는 또 다른 표현이라고 생각된다. 실제 행동에 옮기는 사람도 많다. '장사나 할까?'라는 생각으로 퇴사한다면 거의 모든 사람들이 실패한다. 특별한 기술이나 전문적인 자격이 없어도 된다는 생각 때문에 진입장벽이 낮은 음식 사업에 많이 몰린다. 이런 안일한 태도가 폐업으로 가는 지름길이다.

며칠 전 지인들과 모임을 했다. 지인 중 한 분이 본인이 잘 아는 막국숫집에서 식사하자고 제안했다. '얼마나 맛있길래 자신 있게 제안을 하시지' 생각했지만 큰 기대를 하지는 않았다. 그런데 간 곳은 사람들이 바글바글했고, 사장님의 응대 태도가 남달랐다. 모두 단골 고객들처럼 보였다. 메뉴는 막국수와 감자전, 만두, 수육이 전부다. 가게 사장님은 고객들의 입맛까지 다 아는 듯했다. 음식이 나왔다. 반찬들이 신선하고, 정갈했다. 막국수는 지인의 말대로 완벽했다. 그날 특별히 서비스 반찬이 나왔다. 홍어 무침과 떡을 특별히 우리 테이블에 제공했다. 지인분은 사장님의 자제가 결혼하는 것을 알고는 축의를 했다고 한다. 지인분은 그 사장님의 가족 대소사까지 다 알고 있었다. 그 감사의 표시로 막국숫집 사장님은 음식값을 받지 않으려고 했다.

가게 사장님과 나의 지인분은 고객의 관계를 넘어서 가까운 친척 같은 분위기였다. 너무 보기 좋았다. 자신 있게 이 집을 추천한 이유가 있었다. 말하지 않아도 느껴지는 전통 있는 막국숫집의 아우라가 느껴졌다. 가게 사장님은 영업의 고수였다. 무엇을 인위적으로 판매하려고 하지 않는 모습이 느껴졌다. 그 집만이 가진 전통비법의 맛을 자연스럽게 팔고 있었다. 그 사장님의 정성이 그 안에 자연스럽게 녹아들어 있었다.

요즘 음식 프로그램이 TV에 많이 나온다. 새로 음식점을 창업하는 사람들이 많다. 요리에 대한 기본 이해도가 떨어진 상태에서 창업하면 안 된다. 맛보다는 인스타그램에 보기 좋게 올리고 예쁜 맛집으로 소개되면 돈을 벌 것으로 생각하는 사람도 의외로 많다. 착각이다. 3개월에서 6개월을 못 간다. 망하기 딱 좋다. 안타까운 것은 열정이 가득하고, 창업하기 전에 상권조사, 음식에 대한 철학 등을 철저히 준비한 후에 시작하더라도 망하는 일이 비일비재하다는 것이다. 그만큼 창업은 변수가 많다. 코로나바이러스, 돼지열병, 조류독감 등 전염병 영향도 크다. 주기가 짧아진 트렌드의 변화, 대내외 사회 환경 등 매출에 영향을 주는 통제할 수 없는 요인들이 너무 많다. 발상의 전환을 하자. 막연히 가게를 오픈하고 음식을 만들어 판다는 생각을 하면 낭패를 당한다.

일상에서 지치지 않고 고수가 되는 방법은 분명히 있다. 지구력이다. 처음부터 크게 벌리지 말라. 자신이 하는 것을 지치지 않고 끊임없이 추구하라. 고객이 올 때까지. 고객의 눈높이 연구를 계속하라. 언제, 어디서든 팔리는 상황을 만든다는 것은 어려운 일이다. 모든 세일즈는 지치지 않는 정신력이 필요하다. 모든 세일즈 고수들의 공통점은 자기 일을 좋아하고, 꾸준하게 집요하게 공부했다는 것이다. 세일즈 고수들의 일상은 의외로 단순하다. 자기가 좋아하는 한 가지에 집중되는 경향이 있다. 판매의 고수들은 고객의 언어를 쓴다. 일상에서 느껴지는 고수들은 당당하다. 고객들에게 기죽지 않는다.

쫄지 마라. 내가 쫄리면 상대방도 쫄린다. '당당하라'는 말이다.

03

딱 열 개만
판다

지금은 흔한 과일이지만, 예전에는 귤, 바나나, 딸기 등이 굉장히 귀했다. 옛날 과거급제 시 임금님이 하사하던 과일이 귤이었다는 이야기도 있다. 이제 딸기는 계절과 관계없이 먹을 수 있는 과일이 되었다. 어릴 적 먹던 바나나는 무척이나 맛있었다. 지금은 아주 흔해져서 싼값에 마음껏 먹을 수 있다. 그래서 이제는 더 이상 예전의 맛있었던 그 느낌을 찾을 수 없다. 바나나의 맛이 변한 것일까? 아니다. 바나나가 변한 것이 아니라 바나나와 관련된 주변 상황이 변한 것이다.

2010년대 초에 내가 다니는 회사에서 럭셔리 해외 유명 브랜드 유치에 어려움을 겪고 있었다. 마침 그 브랜드 회장이 한국에 방문하는 일정이 있었다. 회장 부부가 같이 오기로 했다는 정보를 접하고 그분들의 취향을 알아봤다. 그 회장의 아내가 딸기를 너무 좋아한다는 것이다. 그때가 겨울이었다. 해외 명품 바이어와 식품팀 바이어는 공을 들여 딸기를 키웠다. 그분들이 한국에 오는 날 저녁, 호텔로 딸기를 정성스럽게 선물로 넣어드렸다. 오랜 비행으로 지쳐 있던 그들 부부에게 깜짝 선물이 되었다. 그 사모님은 제일 좋아하는 딸기를 타국에서 겨울철에 맛볼 수 있었던 것이다. 마음을 움직이는 정성스러운 딸기 선물로 인해 유치가 어려웠던 해외 럭셔리 브랜드를 유치할 수 있었다.

이렇듯이 우리가 경험하는 상품들은 희귀성에 따라 얼마든지 변한다. 여러 가지 모습으로 우리의 인생과 같이하는 희귀성의 원칙들이다. 상품을 판매하는 세일즈의 입장에서는 적절하게 활용하면 판매에 도움이 될 수 있다. 마케팅의 '차별화' 원리는 근본적으로는 희귀성의 원리를 활용한 중요한 영업 전략이다. 소비 트렌드가 급변하고 있다. 고객들은 '나만의' 상품을 더 선호한다. 나만을 위해 특별히 준비된 상품을 구입하려는 욕구는 그 어느 때보다 크다. 요즘 유행하고 있는 맞춤 화장품, 맞춤 교육, 맞춤 카드 등은 '맞춤'이라는 희귀성 키워드에 바탕을 두고 있다. 희귀성 가치를 고객에게 전달하려는 의도가 있다. 여러 브랜드들에서 시도하고 있는 한정판 상품을 구입해 다시 고가에 파는 '리셀' 현상도 많이 있다.

"지금부터 15분간 소불고기를 할인 판매합니다. 날이면 날마다 오는 행사가 아닙니다. 오늘 특별히 고객님께 드리는 한정 판매입니다. 시간이 얼마 남아 있지 않습니다."

대형 마트에 쇼핑을 가면 심심찮게 들리는 내용이다. 믿을 수 있는 상품을 재래 시장의 분위기를 느끼면서 쇼핑한다는 것 자체가 기쁨이다. 이런 방법은 인위적으로 이용 가능성을 한정해 고객에게 제공하는 것이다. 마감이 임박할수록 고객들은 긴장하고 상품의 가치는 상승하게 된다. 고객은 못 사면 손해 볼 것 같은 심리적 상태에 빠지게 되어 결국 구매를 한다. 그렇게 구입한 상품들이 집 안 여기저기에 많이 있는 분도 있을 것이다.

나는 마케팅 업무를 하면서 광고에 '마감'에 관한 키워드를 많이 사용했다. 백화점 세일 기간이나 선물부 행사 진행 시 날짜를 크게 명시한다. 프로모션 기간 중에는 "딱 3일 남았습니다"라고 다시 한번 마감 일자를 명시한다. 이 기간을 놓치면 다시는 기회가 오지 않는다는 고객을 향한 무언의 압박이다. 온라인 쇼핑몰에서도 타임 마감 전략을 활용하고 있다. 며칠씩 진행되는 오프라인과는 달리 불과 몇 시간 동안만 진행되는 경우가 많다. 타임세일이 있는 날은 접속자 수가 평소보다 열 배 이상 늘어나는 경우를 종종 볼 수 있다.

수량을 한정해 판매하는 방법은 세일즈 프로모션 중에 가장 많이 활용하는 것이다. "딱 100분께 드립니다", "특별한 가격으로 10분만 모십니다" 식의 광고를 고객들에게 한다. 월드컵 기념주화를 발행했을 때 2002년을 기념하기 위해 2,002개만 발행한 것도 이런 맥락에서 진행된 것이다. 장소를 한정해 판매하기도 한다. 어떤 상품을 구매하기 위해서는 ○○장소로 가야 한다는 것이다. 이 방법은 단기적인 매출 향상보다는 장기적으로 해당 장소를 고객들에게 각인시키려는 노력이 강하다. 점포에 대한 장기적인 고객 충성도를 올리려는 전략으로 자주 활용된다. 마감 전략을 자주 활용해 성공하는 업태는 홈쇼핑 업태다.

방송에서는 상품을 더 많이 팔기 위해 많은 기법이 동원된다. 생방송으로 진행되는 동안 화면 하단에는 자막으로 남은 시간과 상품의 잔여 수량이 표시된다. 고객의 긴장감은 최고조에 달할 수 있다. 홈쇼핑 채널을 통해 충동 구매한 경험은 모두 있을 것이다.

고객들은 일반적으로 평균 다섯 번 이상의 구매 요청을 받아야 판매 사원의 구매 요구를 받아들인다고 한다. 평균적으로 네 번 이상 거절하는 것이다. 상품을 판매하기 어려운 세상이다. 고객을 원망하지 말자. 원래 그런 것이다. 자연스럽게 받아들여야 한다. 고객이 구매하지 않는 이유 중에 "상품을 긴급하게 사려는 의지가 없다"는 사례가 있다. 이때 판매 사원은 애가 탄다. 고객은 안 사려고 하는 것도 아니면서 망설이는 것이다. 이럴 경우, 마감 전략을 사용한다.

첫째, 구매했다는 사실을 가정해 대화를 유도한다. 자동차 구입을 망설이는 고객에게 "이 차를 사모님이 사용하실 건가요? 선생님이 이용하실 건가요?"라고 질문한다. 고객이 얼떨결에 "제가 이용할 건데요"라고 답하면 이미 구매 결정은 사실화된다.

둘째, 고객 사용 전략이다. 망설이는 고객에게 집에 가서 경험하고 마음에 들면 구매하시라고 한다. 애완견과 열흘 정도 같이 생활하고 마음에 들면 입양하라고 하면, 다시 애완견을 데려오는 경우는 거의 없다고 한다.

셋째, 지금 당장 계약하지 않았을 때 발생할 수 있는 최악의 경우와 계약했을 때의 최상의 시나리오를 강조해 고객의 계약을 유도한다.

희소성을 강조하는 광고들을 적극적으로 활용하면 고객의 구매 욕구를 자극할 수 있다. '오직', '~만의', '마지막 기회', '오늘만' 등은 희소성을 강조하는 광고 용어들이다. 적절하게 활용하되 가끔 해야 한다. 희소성을 강조하는 이유는 상품의 가치를 높이려는 방법으로 사용하는 것이다. 너무 자주 광고에 사용하면 고객의 신뢰를 잃을 수 있다. 광고 자체가 희소성을 잃기 때문이다.

우리 동네에는 빵집이 여러 군데가 있다. 그중에서도 유독 잘되는 집이 있다. 이 가게는 항상 '오늘의 빵'을 고객들에게 제공한다. 많이 만들지는 않는다. 한정 수량으로 가격도 평소보다 2/3로 판매한다. 1인당 딱 두 개씩만 판다. 다른 빵들의 구매도 자연스럽게 올라간다. 맛도 일품이다. 나의 아내는 이곳에서만 빵을 구입한다. 백화점에서도 브랜드별로 이런 희소성의 법칙을 활용한 한정 판매를 적절하게 사용한다. 나의 아내가 가는 단골 브랜드가 있다. 그 브랜드의 판매 매니저는 판매의 귀신이다. 고객의 마음을 간파하는 능력도 대단하다. 아내가 무척 마음에 들어 한 옷이 있었는데, 사이즈가 없었다. 판매 매니저는 "고객님, 제가 창고에 가서 다시 한번 확인할게요" 하더니 잠시 후 "아! 마침 사이즈가 하나 있었네요. 다행이네요"라며 말한다. 나의 아내는 너무 좋아한다. 상품의 가치가 '쑥' 올라가는 순간이다.

비즈니스를 하면 다른 사람들과 약속을 해야 하는 경우가 많을 것이다. 이때, 절대로 나의 가치를 떨어뜨리지 말아야 한다. 상대방을 존중하되 나의 가치를 높이는 훈련을 해야 한다. 약속 시각을 잡는 전화 통화 중이라고 가정하자.

> A비즈니스맨 : "다음 주 언제가 좋으신가요? 식사하시면서 논의할
> 까요?"
> B비즈니스맨 : "아! 예 고맙습니다. 언제라도 괜찮습니다."
> C비즈니스맨 : "고맙습니다. 시간을 체크해보고 다시 말씀드리겠습
> 니다."

간단한 통화 내용이다. 어떤가? 누가 가장 가치 있게 통화하는지 눈
치챘을 것이다. C비즈니스맨은 상대를 존중하면서도 나의 퍼스널 브랜
드 가치를 올리는 대화를 한 것이다. 비즈니스를 할 때는 서로 윈윈이
되어야 한다. 나의 가치를 상대방이 느끼게끔 내가 만드는 것이다. 사
회생활을 하면서 만나는 모든 사람들에게 잘할 수는 없다. 나와 맞는
상황으로 이끌고 가야 한다. 나의 가치를 올리는 것이 중요하다. 상품
의 가치도 마찬가지다. 자영업이나 세일즈를 한다면 매일 한 품목씩이
라도 정성스러운 상품을 고객에게 선보이자.

'가성비', '가심비' 있는 상품을 준비하자. "오늘은 딱! 열 개만 판
매합니다."

$$\widehat{04}$$

그들은 어떤 방법으로
매출을 올렸을까

유통 현장에서는 고객과 만나는 접점을 소중하게 생각한다. MOT (Moment of Truth, 진실의 순간)라 부른다. 고객은 상품이나 서비스를 받는 짧은 순간에 평가한다. 만족한 고객은 상품이나 서비스를 구매한다. 구매 후에는 여기저기 지인들이나 SNS 공간에 사용 경험을 공유한다. 성공하는 브랜드는 자연스러운 선순환이 일어난다. 매출은 자연스럽게 증가한다.

매출이 폭발적으로 성장하기 위해서는 상품, 고객, 판매 사원의 삼박자가 맞아야 한다. 상품은 기본적으로 좋아야 한다. 고객이 여러 곳에 입소문을 내줘야 한다. 판매 사원은 신뢰성이 있어야 한다. 상품의 특징을 제대로 파악해 고객이 구매할 수 있도록 동기 부여해야 한다. 매출 올리는 판매 사원, 세일즈맨이 핵심이다. 판매 사원의 한마디가 고객의 지갑을 여는 중요한 역할을 한다.

대형 쇼핑몰이나 백화점에는 상당히 많은 수의 브랜드들이 영업하고 있다. 판매 매니저들은 모두 열심히 일한다. 백화점은 사람이 살아가면서 사용하는 거의 모든 상품들을 취급한다. 잘하는 판매 매니저는 뭔가 다르다. 나는 마케팅을 하면서 자연스럽게 그들의 공통점을 찾을 수 있었다. 그들은 자기가 취급하는 상품들의 이야깃거리를 꿰차고 있다. 즉, 상품들의 일반적인 특징을 자신의 언어로 바꾸어 고객에게 스토리텔링 하는 능력이 있었다. 스토리텔링은 파급력이 세다. 요즘처럼 SNS가 점점 영향력이 커지는 시대에는 더욱 그렇다. 이야기는 어떤 논리적인 설득보다도 사람의 마음을 움직이는 힘이 강력하다. 상품에 대한 긍정적인 입소문이 퍼지게 하는 데는 이야기가 최고다. 스토리텔링은 사람들의 정서적 몰입과 공감을 이끌어내는 특성이 있다. 고객이 경험하는 브랜드의 판촉사원으로 활용되는 셈이다.

사람들은 상품의 성능이나 이름을 모르더라도 상품이 주는 이야기는 쉽게 기억하고, 주변 지인들에게 자기도 모르게 전파한다. 마치 영화 제목은 몰라도 출연 배우를 통해 기억하는 경우처럼 말이다. 수많은 광고가 뿜어내는 콘텐츠들은 모두 이야기를 만들어내려는 노력이다. 백화점 판매 매니저들은 상품에 관한 이야기를 만들어내는 귀재들이다. 사회적으로 영향력 있는 사람들이 사용했던 물건들은 바로 입소문을 타고 전파된다. 판매 매니저들은 그런 사람들의 사용 경험을 바로 상품 판매에 응용한다. 상품 이름은 주목받지 못하고 영향력 있는 사람들의 이름으로 불리는 '○○백,' '☆☆슈트,' '◇◇안경' 등이 심심찮게 사람들의 입에 오르내린다.

마케팅 팀장으로 재직할 때, 고객에게 증정하는 장바구니를 연간 시리즈로 기획한 적이 있다. 백화점 업계 최초의 제작이었다. 고객들의 입소문이 좋게 전파되어 장바구니를 받기 위해 내방하는 고객들이 매우 많았다. 장바구니는 다른 리테일 회사에도 영향을 주었다. 모든 리테일 관련 업종에서 장바구니를 만들어 고객에게 증정하는 진풍경이 벌어졌다. 나는 장바구니를 잘 기획하기 위해 부서 직원을 일본으로 출장 보내기도 했다. 그때 깨달은 것은 아무리 작은 상품을 기획하더라도 정성과 마음을 다하면 고객은 반드시 반응을 보인다는 것이다. 최근에는 스타벅스에서 파우치백 등을 시리즈로 기획해 고객에게 인기가 많다. 이런 것들이 브랜드 파워에 의한 스토리텔링이다. 잘된 스토리텔링은 바로 매출로 이어진다. 이런 리딩 브랜드의 스토리텔링을 어설프게 따라 하면 안 된다. 역효과가 크다.

판매 매니저들이나 세일즈맨들은 깔끔해야 한다. 고객을 맞이하는 기본적인 자세다. 분위기가 있는 영업사원이 권한다면 어떨까? 고객의 신뢰는 배가 될 것이다. 하지만 의외로 이것을 못 하는 세일즈맨들이 많다. 얼굴이 잘생겼다, 못생겼다는 문제가 아닌 분위기를 이야기하는 것이다. 그 사람의 전반적인 분위기에서 느껴지는 신뢰감, 인간적 매력 등이다.

몇 달 전, 지인 한 분이 유명 수입차 구입을 위해 두 군데에 의뢰를 했다고 한다. A회사 세일즈맨은 정확한 시간에 약속 장소에 나타났다. 견적서를 가방에서 꺼내는데 다른 서류들과 섞여 있어서 찾는 데 애를 먹으면서 꺼냈다. 볼펜을 꺼내는데 일반적인 흰색 볼펜이었다. 잘생긴 얼굴이었지만 신뢰가 잘 안 되었다고 한다. 반면 B회사 세일즈맨은 말끔한 슈트를 입고 약속 장소에 미리 와 있었다. 가죽 서류 차트를 미리 대기하고 있었다. 차트를 여는데 내 지인의 이름이 쓰인 서류가 보였다. 펜을 꺼내는데 자신의 M브랜드 로고가 인쇄된 만년필을 건넸다고 한다. A회사 세일즈맨과는 확실하게 비교되는 상황이었다고 한다. 내 지인은 당연히 B회사와 계약했다.

T·P·O(Time, Place, Occasion)에 맞는 복장과 분위기를 갖추는 것은 판매 매니저들이나 세일즈맨에게 기본 중 기본이다. 상품의 퀄리티가 세일즈맨이나 판매 매니저보다 우선하지 않는다. 매일 아침 출근할 때 거울에 비치는 얼굴을 보자. 웃고 있는가? 당당한 자신을 발견할 수 있는가? 열정이 꿈틀거리는 모습이 보이는가? 그럼 고객은 매출로 답할 것이다.

판매는 고객의 구매를 적극적으로 도와주는 라이프 컨설턴트다. 망설이는 고객의 마음에 확신을 주는 역할을 한다. 구매라는 행위를 통해 고객의 행복 욕구를 실현시켜준다. 잘하는 세일즈맨이나 판매 매니저는 고객의 구매 패턴을 분석한다. 상품을 경험하게 한다. 고객의 니즈를 다음 상품 개발에 반영되도록 메신저 역할을 한다.

고객이 매장에 방문하게 되면 고객을 재촉하거나 눈치를 주면 안 된다. 매장에 들어가는 순간부터 판매 사원이 적극적으로 응대하면 부담스럽다. 적절한 시기에 고객을 응대해야 한다. 고객이 편안한 환경에서 상품을 둘러볼 수 있도록 분위기를 조성하면 좋다. 하지만 말처럼 쉽지 않다. 노련한 판매 매니저들이나 세일즈맨들은 멘트를 할 때와 안 할 때를 귀신같이 파악한다. 고객의 언어로 쉽게 말한다. 말을 많이 안 한다. 사생활 등 고객이 부담스러운 질문을 하지 않는다. 자연스레 고객이 말을 많이 하도록 유도한다. 고객이 편안해야 매장에 오래 머물면서 구매한다.

고객들의 요구 수준은 점점 상승하고 있다. 고객이 무슨 말을 제기하든 일단 듣자. 동의하자. 고객과의 간격을 좁히자. 신뢰를 주자. 판매 매니저의 이러한 지혜로운 응대는 고객을 호감으로 전환시켜줄 것이다. 그때, 고객이 한 말에 대해 다시 한번 약한 멘트 형태로 던져보자. 대부분의 고객은 이해하고 구매를 하거나 판매 매니저에게 격려의 말을 할 것이다. 우수한 판매 매니저나 세일즈맨은 자기 스스로를 컨트롤하는 일에 능숙하다. 어렵거나 괴로운 일을 만났을 때 쉽지 않지만 일과 사생활을 분리하려고 한다. 판매 접점에 있는 대부분의 직원은 그렇지 못한 것이 현실이다. 옆의 동료들과 선배들이 지혜롭게 동료애를 발휘할 필요가 있다. 고객을 응대하는 최접점의 애로사항을 서로 공감하고 나누자. 동료애를 발휘하자.

판매현장에서는 갖가지 형태의 상황들이 발생한다. 매장을 방문한 고객이 대충 둘러보기만 하고 나가는 경우도 많다. 밝게 인사했는데 들어도 못 들은 척, 봐도 못 본 척하는 고객도 많다. 관심을 유도하지만 요지부동인 고객, 상품을 살까 말까 망설이는 고객 등 여러 유형의 고객들이 많이 있다. 어떻게 할 것인가? 고객이 방문했다가 나가서 다른 매장으로 옮기면 재방문하지 않을 가능성이 매우 크다. 고객이 매장에서 나가기 전에 강렬한 인상을 고객에게 남길 필요가 있다. 상품에 대한 필살기 멘트를 준비하자. 고객은 다시 돌아올 것이다. 백화점이나 자영업 매장이나 마찬가지로 매출을 좌우하는 것은 고객이 아니라 판매 사원이다.

고객과 원활한 소통을 위해서는 디테일이 강해야 한다. 고객과의 대화 소재로 삼을 수 있도록 취급하는 상품의 주요 특징을 찾아내어 써보자. 한 상품당 다섯 가지씩 특징을 찾아내고 소통 포인트를 정리하자. 정리하는 과정에서 상품에 대한 자신감을 얻을 것이다. 고객에게 설명할 수 있도록 거울을 보고 연습하자. 고객의 반응이 달라지고, 판매 성공률이 높아지는 재미있는 경험을 할 것이다. 리테일이 디테일이라는 말이 있다. 고객의 섬세한 마음을 설득하려면 그만큼 디테일해져야 한다. 디테일할 수 있어야 고객이 스스로 입소문을 내는 스토리텔링도 가능하다.

고객의 언어로 쉽게 스토리텔링하자.

05

유능한 판매 담당자의
매출 상승 비법

유통회사에 근무하면서 수많은 판매 사원들을 만났다. 그중에는 판매를 잘하는 사람도 있었고, 매출 실적이 부진해 다른 곳으로 이직하는 사원들도 있었다. 다들 열심히 하는데 브랜드별로 매출이 차이가 있는 경우가 있다. 왜 그럴까? 판매를 잘하는 사원들은 찬스에 강했다. 시간 활용을 잘했다. 무턱대고 열심히 하는 것이 아닌, 지혜롭게 자신의 스케줄을 고객의 흐름에 맞춰 활용하는 경우가 대부분이었다. 유능한 판매 사원들은 매장에 고객이 오면 대부분 그냥 돌려보내지 않는다. 돌아가는 고객들도 왠지 미안한 마음을 갖고 돌아서게 했다. 그 비결이 뭘까? 그들은 항상 긍정적인 생각으로 무장되어 있다. 고객을 적당히 심리적으로 압박할 줄도 안다. 상품의 컨디션에 맞게 판매할 줄 아는 사원들이다.

매장을 운영하다 보면 매출이 부진할 때도 있다. 주변 브랜드는 잘되는데 본인 브랜드만 안 될 때도 있다. 예전부터 유통회사에 다니는 사람들끼리 하는 이야기 중 "리테일은 '천수답'이다"라는 말이 있다. 날씨의 영향을 절대적으로 받는다. 날씨가 마케팅인 적이 한두 번이 아니다. 유능한 판매 매니저들은 주변 조건이 좋지 않은 상황에서도 어떻게든 해결책을 모색한다. 전체적으로 매출이 안 좋을 때 유능한 판매 사원이 있는 브랜드는 상대적으로 괜찮은 실적을 기록한다. 그 이유를 살펴보니 그들은 계속 움직였다. 몸도 부지런히 움직이고, 머리도 빠르게 움직인다. 고객을 분석하고 이탈된 고객들에게 한 번이라도 더 전화하고 바삐 움직인다. 상대적으로 실적이 좋지 않은 브랜드 판매 매니저는 세월만 보내고 있다. 마음만 바쁘다. 액션이 없다. 뭔가 실행력이 없다. 안되는 이유가 점점 많아진다. 유능한 판매 매니저들은 안되는 상황에서도 될 수 있는 이유를 찾는다. 힘들더라도 그 과정을 즐긴다.

유능한 판매 매니저들은 고객에게 사용하는 언어가 다르다. 고객이 상품을 구매할 타이밍을 잘 포착한다. 고객이 상품을 구매하고 싶어 하는 행동은 사전에 나타나기 마련이다. 고객이 상품에 관심을 보이거나 만지작거릴 때는 십중팔구 구매하고 싶어 하는 것이다. 또한 고개를 끄덕이며 웃는 모습을 보이며, 같이 온 사람들과 이야기할 때는 거의 100% 구매 의사가 있다는 표시다. 유능한 사원들은 이 순간을 놓치지 않는다. 고객을 바로 구매 단계로 안내해야 한다. 유능한 판매 매니저는 자신감 있는 태도로 고객에게 말한다. 고객에게 얼마나 적합한지, 상품의 우수성이 어디에 있는지 알려준다. "고객님에게 잘 어울려요"라고 말하지 않는다. "이 상품이야말로 고객님께 딱 맞는 상품입니다"라고 확언한다. 고객에게 확실한 신뢰감을 나타내는 것이다. 그리고 곧바로 행동에 들어간다. "지금 바로 계산해드릴게요. ㅇㅇ카드는 3개월 무이자입니다." "상품 포장해드릴게요. 1분만 기다려주세요." 이미 고객은 구매를 결정한 상태로 심리가 넘어가게 된다. 고객 자신도 모르게 주머니에서 현금이나 카드를 꺼낸다. 유능한 판매 사원은 영수증까지 완료하고 고객에게 사인을 받는다.

고객에게 '적당한 압박'은 매우 유효한 판매 수단이다. 유능한 판매 매니저들은 이 방법을 자연스럽게 활용한다. 고객을 미적거리는 태도에서 적극적인 태도로 변화시킨다. 자연스럽게 구매 성공률도 높아진다. 이때 주의할 점은 자신감 있는 자연스러운 태도다. 자신감이 없으면 오히려 해가 될 수 있다. 어설픈 따라 하기는 금물이다.

고객과 구매를 확정 지을 때 피해야 할 것이 있다. 자신 없는 태도로 고객의 의견을 묻는 것이다. 이것은 겸손의 표시가 아니다. 예를 들면 "어떤 상품을 원하세요?", "결정하셨나요?", "계산해드려도 될까요?" 이렇게 응대하면 안 된다. 고객의 마음이 흔들린다. "잘 결정하셨습니다. 계산해드릴 테니 잠깐만 기다리세요", "지금 보여드리는 상품은 전시용입니다. 새것으로 포장해드릴게요"라고 말해야 한다. 유능한 판매 사원들 대부분은 이렇게 말한다.

성공한 사람들의 공통점은 힘든 일을 당했을 때 긍정적 모드로 자신을 변환시킨다. 긍정적인 말로 운명을 좋은 방향으로 바꾸는 노력을 한다. 처음부터 성공할 자질을 타고나는 사람은 거의 드물다. 그들은 의식적으로 긍정적인 자기 확장을 습관화한다. 그러다 보면 작은 성공들이 쌓이게 된다. 그 여세를 늦추지 않고 끊임없이 잘될 거라는 자기 긍정을 지속한다. 생각은 말이 되고, 말은 습관이 되며, 습관은 지속적인 행동이 된다. 성공하고 싶지 않고, 부자가 되고 싶지 않은 사람이 어디 있겠는가? 반면, 성공과 거리과 먼 사람들은 '내가 성공할 수 있을까?', '성공은 특별한 사람들만 하는 거지', '인생은 어차피 팔자대로 사는 거야'라며 스스로에게 속삭인다. 그렇게 계속 살던 대로 살게 된다.

꿈을 현실로 만드는 첫 단계는 '자기 긍정'이다. "나는 된다. 잘된다"라고 끊임없이 되풀이하며 실천 사항들을 행동한다. 자신감이 생기면 부정적인 생각들은 점점 사라진다. 고난이 오더라도 금방 극복할 수 있는 에너지를 만들 수 있다. 결국, 성공하는 인생을 살 수 있다.

"시간이 지나고 날이 갈수록 나는 점점 더 좋아지고 있다"를 매일 아침 입으로 뱉어보자. 성공한 대부분의 사람들이 하는 말이다.

내가 매장에서 경험했던 유능한 매장 매니저의 비결을 몇 가지 알려주겠다.

첫 번째, 시각화하기다. 원하는 것을 구체적으로 상상할수록 뇌는 실제 상황인 것처럼 인식한다. 각종 사진이나 되고 싶은 것을 그림으로 시각화해라. 잘 보이는 곳에 붙여라. 자주 보면 잠재의식이 자극된다. 되고 싶거나 원하는 것을 눈으로 보면 욕망이 내재화되고 목표로 각인될 수 있다.

두 번째, 말하기다. 긍정적인 말만 하자. 사람은 말하는 대로 행동한다. 말하는 대로 살게 되어 있다. 언어에는 힘이 있다. '말이 씨가 된다'는 속담은 맞는 말이다.

세 번째, 듣기다. 어려서부터 어떤 환경에서 무슨 말을 듣고 성장했는지에 따라 성격이 형성된다. 긍정의 언어를 계속 듣자. 자신이 이루고 싶은 목표를 녹음해서 매일 아침저녁으로 들어보자. 어느새 달라진 자신을 발견하게 될 것이다.

네 번째, 쓰기다. 직접 자신이 이루고 싶은 것을 확신하며 쓰는 것은 매우 놀라운 효과를 발휘한다. 내 주변에도 이렇게 해서 놀라운 성취를 이룬 사람들이 많다. 절실한 상상의 꿈을 현실로 나타나게 하는 원동력이 된다.

놀라지 마라. 유능한 판매 사원이나 세일즈맨들은 이런 것들을 실천하고 있다. 만약, 이 중에 몇 개라도 실천하고 있다면 성공할 가능성이 매우 크다. 하나도 없다면 지금부터 실천하면 된다. 해보고 이야기하자. 믿거나 말거나 100일만 실천해보라. 성공한 사람으로 변신한 스스로를 볼 것이다.

판매현장에서 보면 대체로 매출 실적이 좋은 사람들은 실적이 좋은 사람들끼리 모이는 경향이 있다. 영업팀장을 하면서 보기가 좋지 않아서 선임 판매 매니저에게 물었더니 판매 매니저는 "팀장님이 그렇게 모여 있을 때만 보신 것 같아요. 항상 그렇게 모여 다니지는 않아요. 다만, 실적이 좋은 브랜드 매니저들은 주로 긍정적이에요"라고 말했다. 오해는 풀렸지만, 마음이 개운치 않았다. 한편으로는 이해가 되었다. '유유상종', '근묵자흑'이라더니 실적이 좋은 사람끼리 어울리려는 속성이 있는 모양이다. 아무튼, 유능한 판매 매니저들은 확실히 다르다. 상품에 대한 지식, 고객을 바라보는 관점, 평소의 생활 태도 등 모든 것에서 프로의 모습을 보였다.

유능한 판매 담당자의 매출 상승 비법은 초긍정의 모드로 자신에 대한 확신에 있다. "일단 나를 믿는 것부터 시작한다", "나는 할 수 있다", "나는 매출을 확실하게 올려 성공할 자격이 있는 사람이다", "나는 세상에서 가장 소중하고 특별한 사람이다" 등 매일 마인드 컨트롤을 하고 있다. 부정의 기운이 있는 사람들과는 어울리지 않는다. '드림 킬러'들과는 결별한다. 긍정의 생각으로 뭉친 사람들과 어울리는 것을 노력한다. 이런 생활이 습관이 되게끔 관리한다. 고객을 만날 때도 고객의 라이프 스타일을 캐어한다는 사명감을 갖고 응대한다.

초긍정의 관점을 실천하라. 매출이 상승한다.

06

성공적인 매출 대박의 키는
진심에 있다

매출 대박의 전제 조건은 진심이다. 처음 사업을 시작할 때는 진심으로 한다는 것을 본인만 안다. 이것은 고객들에게 알려지기 시작하면서 드러난다. 모든 매출은 결과물이다. 내 상품을 구매해준 고객은 상품의 가치를 알고 있다. 모든 매출은 고객 한 명부터 시작된다. 어떤 것이든 처음은 모두 그렇게 시작한다. 초심을 잘 잡아야 한다. 내가 원하는 목표를 상상하라. 그리고 실천하라. 실천해가는 과정은 진실해야 한다. 그동안의 경험으로 볼 때 매출이 좋은 브랜드는 뭔가 이유가 있었다. 상품, 고객, 판매자 등 삼박자가 맞아야 열매를 맺는다. 판매자는 고객과 상품을 이어주는 링커 역할을 한다. 판매자의 세일즈 역량이 매출을 좌우한다.

우리나라의 백화점과 같은 대형 유통회사들은 자체 상품 개발을 많이 시도한다. PB 상품(Private Brand)을 고객에게 제공하고 상품 경쟁력을 높이겠다는 취지다. 상품 출시 초기부터 수익이 나지 않으면 바로 적자의 늪에 빠진다. 리스크를 감수하고 개발한다. 유통 시장의 경쟁이 치열하다는 방증이다. 지금도 대형 유통회사들은 PB 개발에 총력을 다하고 있다.

주니어 직급일 때 있었던 일화를 소개한다. 내가 근무하던 점포에도 PB 상품이 입점되었다. 기념으로 PB 캐주얼 정장을 구입하기로 마음먹고 매장에 들렀다. 겉보기에 상품들은 괜찮았다. 가격도 다른 캐주얼 정장에 비해 2/3 가격이었다. 상품이 어떤지 판매 매니저에게 물었다. 그는 "이런 상품 없어요. 최고입니다. 만족하실 거예요"라고 말했다. 나는 판매 매니저의 말을 믿고 구입했다. 내가 구입을 하고 난 후 회사 동료들도 여러 사람이 구입했다. 일주일이 지났을까. 옷에 문제가 발생했다. 안감이 쭈글쭈글 말리는 현상이 나타났다. 다음 날 그 매장에 옷을 가지고 갔다. 매니저의 반응이 더욱 황당했다. "아, 이거 원래 싼 상품들은 좀 이래요. 수선해서 입으면 괜찮아요." 같은 직원이라 화를 낼 수도 없고 당황스러웠다.

우리 회사 PB라 환불할 생각은 안 했다. 그저 판매 매니저의 태도가 괘씸했다. 판매할 때는 상품이 최고라고 떠들어서 팔아놓고는 상품의 문제점을 지적하자 상황을 모면하는 말로 피해가려 했다. 판매 사원의 '진심'이 없었다. 그 일이 있고 난 뒤, 그 매장에는 가지 않았다. 다른 동료들도 내가 겪었던 비슷한 현상들을 겪었다. 그 판매 매니저는 얼마 후 교체되었다. 고객들을 대하는 태도가 불량했고 상품 지식도 수

준 이하였다. 브랜드를 급히 오픈하는 과정에서 사람을 잘못 뽑은 것이다. 근본적으로는 상품의 퀄리티도 문제였다. 고객의 눈높이를 감안해 진실되게 기획해야 했다. 상품은 실패했다. '진심'이 없었다. 결국, 그 브랜드는 얼마 가지 않아 브랜드를 내려야 했다.

진심은 거짓이 없고 참된 마음이다. 성과를 내야 한다는 조급한 마음에 가식적으로 말이나 행동을 꾸민다면 얼마 가지 않아 탄로 날 것이 뻔하다. 마음에 없는 말로 고객에게 필요하지 않은 상품을 권할 수도 있다. 당장은 고객이 혹해 살 수도 있다. 하지만 이럴 경우 길게 가지 않는다. 이런 태도로 영업을 하는 판매 매니저는 단골 고객 형성이 쉽지 않다. 어떠한 경우에도 고객을 거짓으로 응대하면 안 된다.

영업의 밑바탕은 신뢰다. 고객의 신뢰를 쌓아가면 매출 대박도 이룰 수 있다. 급하게 행동하지 마라. 큰 비행기일수록 이륙 준비 시간이 긴 것이다. 천천히 고객의 신뢰를 얻는 노력에 집중하자. 선의의 거짓말을 해야 할 상황이라도 될 수 있으면 하지 마라. 지금같이 정보가 완전히 공개된 시장에서는 더욱 그렇다. 많은 회사나 브랜드들이 처신을 잘못해 사회적인 낭패를 보는 경우가 허다하다. 소규모 자영업을 한다고 방심하면 안 된다. 크든, 작든 고객을 상대로 판매 사업을 하는 곳은 모두 '진심'을 잊으면 안 된다.

내 경우도 회사생활 27년 동안 진심이 전달되지 않아 낭패를 본 적이 여러 번 있었다. 하지만 당장 성과가 없더라도 비즈니스 상대방의 입장을 고려해 행동한 후, 더 큰 보답으로 돌아온 적도 많았다. 시장에 처음 참가한 사업자나 사회 초년생들이 겪는 시행착오의 대부분은 욕심에서 나온다. 욕심은 진심이 없이 나만을 생각하는 마인드에서 발생하는 것이 대부분이다.

진심은 고객의 마음을 끌어당기는 힘이 있다. 최근 명예 퇴직으로 회사를 나간 동료가 있다. 그분은 입사는 나보다 늦지만, 나이는 나보다 위다. 사석에서는 형이라 부른다. 그분은 사람들을 대할 때 진심으로 대한다. 그분이 생활 팀장을 할 때 그분의 진심을 보고 오는 고객이 많았다. 브랜드 판매 매니저들의 애로사항을 모른 척하지 않고 모두 챙겨 고객과 협상하며 해결했다. 그분은 항상 겸손하다. 고객들과 대화할 때 항상 온화한 얼굴을 유지한다. 삶의 가치가 올곧다. 주변 사람들을 움직이게 하는 매력이 있다. 회사생활을 할 때 상향 지향적이지 않았다. 조직 내 권력이라든가 명예와 같은 것과는 무관하게 본인 삶의 가치를 추구했다. 남에게 폐 끼치는 것을 싫어했다. 한마디로 선한 영향력이 있던 분이다. 지금은 외국계 회사 한국 대표를 하고 있다. 본인이 좋아하는 일을 찾았다. 그분의 앞날은 잘될 것으로 기대한다.

장사하거나 사업을 하는 모든 사람들은 매출 대박을 꿈꾼다. 고객의 마음을 어떻게 하면 사로잡을지 연구한다. 지금 고객이 원하는 것이 무엇인지 파악해 진심을 다하자. 내가 하고 싶은 일을 하면 고객의 니즈를 찾는 것이 쉬워진다. 몰입하기 때문이다. 고객은 언제나 선택의 문에서 망설인다. 우물쭈물 망설일 때 '진심'으로 다가가 고객의 마음을 케어할 수 있어야 한다. 내가 판매하는 상품에 대한 자부심이 있어야 한다. 전문성이 있어야 한다.

내가 다니는 치과가 있다. 예전에는 원장 한 분과 치위생사 몇 분이 운영했다. 원장님은 환자들을 '진심'으로 대한다. 치과라는 곳이 워낙 두려운 존재라 겁부터 먹는 사람들이 많다. 치료 시에 항상 사전에 멘트를 한다. "이가 시릴 수 있습니다." "입에 물 들어갑니다." 상당히 부드럽고 온화하다. 치위생사들도 마찬가지다. 특별히 별도의 서비스 교육을 받는 것은 아닌 듯하다. 일 년 전부터는 의사가 두 명으로 늘었다. 환자 고객들이 알음알음 입소문을 듣고 온 것이다. 요즘 치과들이 문 닫는 곳도 많다는데 잘되는 이유를 물어봤다. 원장님은 겸손하게 이야기한다. "거짓말 안 하고 환자 상태에 맞게 말씀드리기 때문이지 않을까요? 저는 치료할 때 항상 저의 가족이라는 마음으로 합니다." 별말씀이 아닌 듯해도 막상 현실에서 실천하기는 어렵다. 이 치과는 환자들을 '진심'으로 대했다.

고객을 진심으로 대하는 판매 명장들을 살펴보면 공통점이 있다. 고객과 만났을 때 절대 자신이 대화를 주도하지 않는다. 짧은 시간에 약속도 많다 보면 조급할 수도 있는데 그렇게 하지 않는다. 고객의 말을 진심으로 듣는다. 고객이 원하는 것이 무엇인지 확실하게 파악한다. 그제야 고객의 니즈와 상황을 충분히 감안해 상담을 한다. 상품과 주변 상황에 대해 고객보다 더 많이 알고 있지만, 가르치려 들지 않는다. 고객을 가르치려 드는 것은 매우 위험한 생각이다.

다른 사람의 말을 진심으로 듣는다는 것은 얼핏 쉬운 일처럼 여겨진다. 하지만 쉽지 않다. 사람은 말을 듣기보다 하기를 좋아하는 본능이 있다. 더군다나 비즈니스 세계에서는 본인이 목표하는 관점을 잘 나타내야 성과가 있다. 잘 듣는다는 것은 상대방의 의견이나 생각을 집중해서 듣고 상황을 이해까지 해야 한다. '진심'이 없으면 잘 듣기 어렵다.

영업 및 판매의 고수들은 감각적으로 이런 상황들을 지혜롭게 헤쳐 나가며 몸으로 실천한다. '진심'을 다해 상대방의 말을 경청한다. 경청을 통해 고객의 마음을 읽어낸다. 고객의 필요를 파악하고 즉시 제안한다. 고객에 대한 최고의 배려다. 고객의 마음을 인정하고 존중하는 것이 출발점이다. 자주 가는 음식점이나 쇼핑을 하기 위해 자주 가는 곳을 생각해보라. 대부분의 경우 상품에 '진심'이 묻어 있을 것이다. 주인장의 인간적인 매력이든, 상품이 독특한 매력을 가지고 있든 둘 중 하나일 확률이 높다.

매출 대박의 출발점은 '진심'에 있다.

07

열심보다
센스가 필요하다

회사생활을 하면서 선배들에게서 수많이 들었던 단어다. 어떤 동료들은 "일은 잘하는데 센스가 없다"라고 평가받는다. 또 다른 동료는 "일은 좀 데면데면한데 센스가 있어"라고 평가받기도 한다. '센스'라는 단어를 네이버 국어사전을 통해 알아보았다. '어떤 사물이나 현상에 대한 감각이나 판단력'으로 설명되었다.

마케팅 팀장은 브리핑할 일이 많다. 파워포인트로 구성한 자료들을 여러 사람 앞에서 설득하고 영업 방향을 제시한다. 나는 브리핑을 하면서 "센스 있게 잘했네", "오늘은 컨디션이 안 좋았나? 센스 없이 좀 그랬네"라는 양면의 평가를 받아본 경험이 있다. 매달 하는 브리핑이었지만 긴장된다. 곰곰이 생각했다. 이 둘의 차이는 어디서 올까? 상황에 따라 다르긴 하지만, 기분이 좋고 자신감이 있을 때, "센스 있다"라는 평가를 많이 받았던 것 같다.

이런 경험을 하면서 누구에게 이야기하느냐에 따라 말의 수준을 맞추어야 한다는 것을 깨달았다. 초등학생과 이야기하면서 전문 용어를 쓰면서 어렵게 이야기하면 어떨까? "저 사람은 상당히 아는 것은 많은데 무슨 말인지 모르겠네"라는 반응을 보일 것이다. 아무리 아는 것이 많아도 쉽게 설명해주면 초등학생들은 "아! 저 선생님 되게 멋있다. 알아듣기 쉬워요"라며 손뼉 칠 것이다. 브리핑도 듣는 사람에 맞추어야 한다. 사회생활은 '열심히 했다'가 아니라 '열심히 한 것처럼 보이는 것'이 중요하다. 이 말은 열심히 한 노력을 가치 있게 포장해서 전달하라는 말이다. 말을 듣는 대상이 상사라면 상사의 스타일에 맞추는 것이 중요하다. 만약 고객이라면 고객의 스타일에 맞추어야 한다. 센스 있는 사람이 일도 잘한다. 노력하면 된다.

본인이 전달하려는 내용을 한 장으로 요약하자. 말로만 전달하지 말고 제스처를 살짝 넣고, '내가 말한다'가 아닌 '고객이 듣는다'로 바꾸자. 그리고 내가 전달한 말이 내가 느끼기에는 어떤지 냉정하게 생각한다. 답이 나올 것이다. 육하원칙에 따라 명확하게 전달했는지 항상 피드백을 받자. 지속해서 연습하자. 주변 동료나 고객은 여러분을 센스 있는 사람으로 평가할 것이다. 당연히 매출도 쑥쑥 올라갈 것이다.

몇 년 전에 사업이 위기에 처했던 친구와 전화 통화를 한 적이 있다. 친구와 사업을 살릴 대안이라든지 마케팅 방법 등에 관해 약 1시간 30분 정도를 통화했다. 친구는 전화가 끝날 무렵 나에게 말했다. "고마워. 너의 말 덕분에 조금은 해결된 것 같아." 나는 거의 말을 하지 않았다. 그 친구의 상황을 들으면서 공감해주고 짧은 멘트로 조언한 것이 전부였다. 내가 말한 것은 채 10분도 안 되었던 것 같다. 서로 말을 주고받을 때 대화는 꼭 말만을 뜻하지 않는다. 표정, 제스처 등 모든 것을 말하는 것이다. 그 대상이 고객일 때는 더욱 그렇다. 고객은 구매를 망설이는 경향이 있기에 센스 있는 응대가 절대적으로 필요하다. 내가 알고 있는 영업의 고수들은 의외로 말 잘하는 사람이 드물다. 그들은 오히려 말을 많이 안 한다. 절제된 표현에 익숙하다. 과도하게 고객을 칭찬하며 구매를 유도하지 않는다.

SNS와 1인 미디어의 발달로 사람들과의 관계는 과거보다 훨씬 다양해지고 많아졌다. 겉으로는 소통 능력이 있는 듯한데, 사람들 개개인은 더 외로워진 것 같다. 가족들 간의 대화도 카카오톡으로 하는 시대다. 판매 매니저들은 카톡이나 SNS 사용을 센스 있게 활용해야 한다. '센스 있다'라는 것은 상황에 맞는 행동과 말을 하는 것이다. 필요한 만큼만 표현하는 것이다. 어렵다. 평소에 습관이 되어야 한다. 나의 욕구를 잠시 내려놓자. 고객의 메시지를 들어보자. 고객이 진심으로 하고 싶은 말을 끌어내는 것이다. 감춰두었던 욕구가 드러나도록 하는 것이다.

판매 매니저들은 판매하는 상품의 전문가다. 전문가이기 때문에 설명 욕구가 많다. 잠재적으로 고객들에게 내가 전문가라는 확증을 받고 싶어 한다. 심리적으로 판매하는 행위는 약자의 위치에 있기에 내가 약자가 아니라는 보상 심리가 발동하는 것이다. 이것은 판매 매니저 개인의 심리적 상태일 뿐이다. 아무리 상품 전문가라도 고객의 언어에서 구매 포인트를 찾아야 한다. 센스 있는 전문가는 길게 설명하지 않는다. 나와 근 20여 년을 같이한 마케팅 후배가 있다. 이 후배는 평소에는 업무도 잘하고 기획력도 우수하다. 그런데 고객과 상담을 하게 되면 최소 1시간이 넘게 걸린다. 처음에는 인정이 많아서 고객의 깊은 이야기들을 공감하며 소통하는 줄 알았다. 그런데 이 후배와 이야기했던 고객 한 분과 이야기할 기회가 있었다. 그 고객은 나에게 "후배분이 아주 똑똑하고 인정도 많던데요. 제가 오히려 이야기를 듣느라고 힘들었습니다"라고 웃으며 이야기했다. 고객과 친근하게 대화를 나누는 것은 좋지만, 넘어야 할 선을 넘은 것이다. 그 후배도 자기의 단점을 잘 알고 있다. 하지만 말로만 노력하고 행동으로 실천하지 않고 있다. 이 경우, 센스 없는 친구로 오해받을 수 있으니 조심해야 한다.

센스 있는 사람이 되려면 자기 생각을 정리할 필요가 있다. 회사생활을 하면서 컴퓨터 파일 정리를 잘하는 사람이 일도 잘하는 것을 경험했다. 주제별, 날짜별로 정리한다. 일의 우선순위를 체크해 매일 출근하면 볼 수 있도록 준비한다. 이런 직원들의 책상은 언제나 깔끔하다. 믿음직하다. 시간을 요하는 긴급한 사안이 발생했을 때는 먼저 찾게 된다. 회사에서 센스 있는 직원으로 인정받을 확률이 매우 높다.

생각도 마찬가지다. 고객과 만날 예약이 되어 있다면 그 고객의 과거 구매 패턴, 매장에 머무르는 시간, 결재하는 스타일까지 생각을 정리하고 만나야 한다. 평소에 생각 정리 습관을 갖지 않는다면 매우 어려운 일이다. 센스 있는 사람은 생각 정리를 통해 자신의 행동 패턴을 극도로 단순하게 만든다. 주변에 불필요한 것을 두지 않으려고 부단히 노력한다.

센스 있는 사람은 소리만 듣지(Hearing) 않고 마음을 다해 이해하며 듣는다(Listening). 고객이 매장에 왔을 때 고객의 입장을 충분히 생각한다. 대부분 상품을 팔아야 한다는 생각 때문에 고객의 말을 형식적으로 듣고 응대하는 경우가 많다. 영어의 히어링과 리스닝의 차이처럼 말이다. 센스 있는 판매 매니저는 귀만 열어놓고 듣는 것이 아니라 고객과 호흡을 같이한다. 고객의 몸짓, 말투도 살피면서 마음으로 듣는다. 이때 매장 사원들이 고객의 말을 복명 복창하면 고객의 우호적인 반응을 쉽게 유도할 수 있다. 고객이 "블루 컬러 있나요?"라고 질문하면 "예, 블루 컬러 있습니다"라고 응대하라. 고객이 "요즘 유행이 레트로라고 생각하는데 어떤가요?"라고 물으면 "예. 저도 레트로라고 생각해요. 그런데 조금 변화가 있어요"라고 말한다. 그런 다음, 고객의 호기심을 유도하면서 상품 안내를 한다. 고객과 소통을 나누며 공감의 장을 만들어가는 것이다.

내가 남성복 팀장을 했을 때의 일이다. 남편의 슈트를 사러 부부가 함께 방문했다. 아내는 다른 브랜드의 옷을 보고 오는 중이었다고 한다. 후배는 남편 고객에게 진지하게 20여 분간 상품 설명을 했다. 아내는 다른 브랜드의 옷이 마음에 들었는지 별 관심이 없었다고 한다. 그럼에도 불구하고 남편을 설득해 고가의 명품 슈트를 판매했다고 자랑했다. 나는 느낌이 좋지 않았다. 아니나 다를까, 다음 날 매출 취소가 들어왔다. 남편은 집에 가서 아내의 말에 다시 설득당한 것이다. 결국,

아내가 방문했던 다른 매장에서 남성 슈트를 구매했다. 판매현장에서는 이런 일이 가끔 있다. 특히 부부 고객의 경우는 아내의 의견이 절대적인 경우가 많다. 센스 있는 사원은 여자의 말에 귀 기울인다.

삶을 살아가면서 관계를 맺지 않는 사람은 없다. 서로의 관계 속에서 희로애락을 경험하며 인간은 성장한다. 독불장군은 없다. SNS 등 다양한 채널을 통해 정보들을 접하고 있다. 생활에 필요한 상품들은 흘러넘치고 있다. 마케터나 세일즈맨들은 본인들의 역량대로 최선을 다해 고객의 마음을 잡기 위해 노력한다. 열심히 한다. 하지만 무엇보다 중요한 것은 어떤 현상을 바라보는 감각이다. 자기 스스로 훈련이 필요하다. 같은 일을 하더라도 눈에 보이는 성과가 있어야 보람이 있다. 성과가 있어야 동기부여가 된다. 센스 있는 사람이 되어야 한다.

습관적으로 센스 있는 행동을 하려고 노력하자. 열심보다 센스가 필요한 세상이다.

5장.

고객은
점점 더
똑똑해진다

자신만의
차별화 콘셉트를 만들어라

　세상이 변했다. 코로나19 상황은 변화의 속도를 더욱 가속화했다. 전문가들은 소매업의 위기를 이야기한다. 출퇴근하는 회사의 형태가 변하고 있다. 재택근무의 일상화가 시도되고 있다. 인구의 연령별 분포에서도 고령층이 많아지고 있다. 병원의 소아청소년과와 산부인과가 축소되고 재활의학과와 정형외과가 문전성시다. 급속하게 재편되고 있는 소비 트렌드와 상품의 변화는 롤러코스터를 타는 느낌이다. 이런 흐름 속에 사람들은 '나 혼자만 뒤떨어진 것 아닌가?' 불안해한다. 각종 뉴스를 통해 들려오는 이야기들은 불안감을 증폭시킨다. 좋은 뉴스들은 내가 아닌 남의 이야기들이다. SNS에서는 이슈들이 매일 새롭다. 시대를 관통하는 흐름에 올라타야 한다. 내가 성실히 근무하고 있는 일터에서도 뭔가 희망을 만들어야 한다. 스스로 중심을 잡아야 한다. 삶의 가치를 높여야 한다.

나의 차별화 콘셉트는 무엇일까? 학교 졸업 후 바로 취업해 한 직장에서만 근 30년 일을 했다. 자랑스럽다. 하지만 마음 한편에는 아쉬움이 있는 것도 사실이다. 40대 초반, 팀장 시절에 헤드헌터를 통해 이직 제안을 받았다. 그때 직장을 옮겼다면 지금 어떤 모습을 하고 있을까? 최근 회사에도 경력 임원들이 많이 들어오고 있다. 이분들은 한 직장에 오래 머무는 사람들이 아니다. 자신의 가치를 파는 사람들이다. 기업 생존의 트렌드 변화가 빠르기 때문에 경력 직원 또는 경력 임원들의 이동도 빠르다. 기존 직원들은 긴장한다.

　마케팅 팀장을 10여 년 이상을 했다. 담당 생활(임원)도 5년 했다. 지금은 자문역이다. 누군가 나에게 묻는다. "남 상무님, 주특기가 뭐예요?" "아, 예 마케팅&경영관리예요"라고 대답하면서도 찜찜하다. '마케팅에 더 가깝긴 하지' 생각한다. 마케팅 팀장 경력이 많아서 그런 생각이 들었던 것도 있다. 분명한 것은 자신만의 필살기를 만들어야 한다. 옛날처럼 조직에 묻어가는 세상이 아니다.

　자신만의 차별화 콘셉트를 만든다는 의미는 브랜딩한다는 말이다. 우리가 사는 세상은 브랜드로 덮여 있다. 하루의 삶을 생각해보라. 아침에 눈을 뜨면서 저녁에 잠들기까지 브랜드 아닌 것이 있던가? 개인이 사용하고 있는 상품들의 브랜드를 살피면 그 사람의 라이프 스타일을 알 수가 있다. 백화점에서는 새로운 지역에 출점하기 전에 반드시 그 지역 사람들을 대상으로 조사를 한다. 퍼스널 브랜딩은 각자가 자신을 브랜딩하는 것이다. 이미지 메이킹 단계를 넘어선다. 나를 누군가 떠올렸을 때 떠오르는 단어가 있는가? 없다면 만들어라. 있다면 어떤 것인가? 원하는 단어인가? 아니라면 바꿔라. 브랜딩은 고객과의 지속적인 관계에 의해 형성된다. 퍼스널 브랜딩도 마찬가지다. 나를 둘러싼 관계들과 진심으로 소통하고 공감하는 과정을 이어가는 것이다.

나는 과장 때 나만의 필살기를 만들기 위해 노력했다. 열정이 있고 브리핑을 잘하는 사람으로 메이킹되길 원했다. 노력했다. 마케팅 업무 특성이 그렇기도 했지만 '돌격 앞으로' 형태로 업무를 했다. 그러다 보니 자연스럽게 좋아하는 사람도 있었으나 가까운 사람들 사이에 '적'들이 생기기도 했다. 질투의 대상이 된 것이다. 물론 사적으로는 다 편한 사이였다. 모든 것이 다 좋을 수는 없다. 업무를 하다가 불편한 관계가 발생하면 그날 바로 풀어야 한다. 먼저 사과하면 대부분 풀린다. 회사나 조직생활을 할 때 절대 하지 말아야 할 것이 '적'을 만드는 것이다. 고객을 '적'으로 만들지 말자. 고객을 대상으로 이러쿵저러쿵 뒷담화하지 말자. 나의 부정적 기운만 솟을 뿐이다.

차별화 콘셉트는 콘텐츠의 차별화가 핵심이다. 회사 근처에 비즈니스 모임이 있을 때 자주 가는 식당이 있다. 다른 집과는 모든 것이 차별화되어 있다. 발레파킹 직원이 유난히 친절하다. 직원들이 허리에 가위를 차고 불판의 온도를 재는 레이저 온도계를 갖고 서비스한다. 이 집은 고깃집인데 소금이 차별화 포인트다. 히말라야산 특수 소금을 쓴다. 이 소금 때문에 미쉐린 별 두 개를 받았다고 한다.

우리 회사 점포의 의정부점에 '오뎅 식당'이 있다. 어묵이 없는 어묵식당이다. 의정부 부대찌개 원조 식당이다. 미군 부대가 있을 때 어묵을 파는 어묵 국물에 미군 부대에서 나오는 각종 재료를 넣어 판 것이 원조가 되어 3대째 운영되고 있다. 부대찌개 맛이 남다르다. 의정부점에 갈 일이 있을 때는 잊지 않고 부대찌개를 포장해온다. 원조 할머니 사장님은 직원들보다 더 열심히 일한다. 직원들을 따뜻하게 가족같이 보살핀다. 진심 있는 서비스와 가족 같은 근무환경이 '오뎅 식당'의 차별화 콘셉트가 되었다.

세일즈맨이나 판매 매니저들은 자신만의 필살기 노트를 만들어라. 요즘은 휴대전화에도 좋은 기능이 많으므로 활용하면 좋을 것이다. 고객의 질문에 전문가 수준의 대답을 준비하되 짧게 준비한다. 본사에서 보내주는 매뉴얼은 참고만 해라. 막힘이 없어야 한다. 고객은 우물쭈물하는 모습을 보면 신뢰를 쌓을 수 없다. 이것은 치명적이다. 고객이 찾아오게 해야 한다. 본인이 운영하는 블로그나 인스타그램이 있다면 최대한 활용하라. 스스로 찾아오는 고객은 팬이 된다. 어느 한 분야의 고수들을 보면 "내공이 100단이십니다"라는 말을 주고받는다. 내공은 나이테와 같다. 천년이 넘은 용문사의 은행나무 나이테처럼 온갖 풍파와 시련을 견디며 쌓아온 자신만의 무늬다. 고수는 자신만의 강점이 있다. 내가 맡은 브랜드 상품이나 서비스에 대해 나만의 지식과 전문성을 쌓고 있는지 점검하자. 어떤 삶을 살 것인가? 누구도 가르쳐주지 않는 정답 없는 삶에 나만의 가치를 새겨보자.

스토리는 자신만의 차별화를 위한 최고의 무기다. 스펙과 전문지식을 넘어설 수 있게 한다. 누구나 얼굴이 다른 것처럼 스토리는 저마다

의 가치가 있다. 자신의 스토리를 잘 다듬어보자. 사람들을 열광하게 만들 수 있다. 단, 진실의 언어로 다듬어야 한다. 평소에 꾸준히 차곡차곡 쌓아두어라. 스토리가 힘을 발휘할 날이 반드시 온다. 매일 일기 쓰듯이 써놓으면 된다. 오늘 매출이 없는 날이라면 매장을 방문한 고객을 상상하며 그분을 위해 기도해라. 그분이 매장을 방문할 것이다. 나라는 퍼스널 브랜드의 가치를 그분에게 심어라. 말이 안 된다고 생각되어도 일단 해볼 것을 권한다. 될 것이다. 확신한다.

《하루 한 줄 인생 브랜딩》의 장진우 작가는 '가치를 전하는 7가지 성공 비밀의 실천적 방법'을 제시했다.

"첫째, 나에겐 특별한 가능성과 잠재력이 있으며, 그것을 성공적으로 발전시킬 것이다."

"둘째, 새로운 일에 열정적으로 도전하고, 배우는 것을 즐길 것이다."

"셋째, 한 주에 최소한 한 권의 책을 읽고 사색해 반드시 내 것으로 만들 것이다."

"넷째, 내 삶의 인생 작품을 반드시 책으로 남길 것이다."

"다섯째, 많은 사람에게 영감을 주는 강연을 할 것이다."

"여섯째, 누구나 뒤돌아볼 만큼 멋지고 빛나는 사람이 될 것이다."

"일곱째, 마음껏 꿈을 펼치는 당당한 사람들과 함께 세상을 살아갈 것이다."

다들 어디선가 들어본 이야기 같지 않은가? 맞다. 우리 삶의 모양은 특별할 것 없다. 머리로만 생각하지 말고 한 가지라도 실천하자. 이것저것 고민해봐야 답 안 나온다. 뭐라도 시작하는 액션이 중요하다. 퍼스널 브랜딩의 시작이다. '왜 나여야만 하는가?'라는 질문에 자신 있게 답한다면 자신만의 차별화 콘셉트가 있는 사람이다. 자신이 없다면 차별화 콘셉트를 만들자. 요즘은 웬만큼 궁금한 것들은 인터넷에 '검색'으로 해결하려 한다. 그러지 말고 '사색'은 어떨까? 생각하는 시간을 갖자. 자신의 상품 지식이나 브랜딩에 관한 재료들을 적어보자.

내가 원하든, 원치 않든 세상은 변하고 있다. 점점 더 많은 사람들이 프리랜서로 살아갈 것이다. 앞으로 시대에 새로운 일의 방식이 몰려오고 있다. 오프라인의 위기라고 이야기한다. 나의 브랜드에 오는 고객들은 모든 정보를 알고 온다. 지혜를 발휘해야 한다. 나만의 콘셉트를 만들어야 한다. 급하게 생각하지 말자. 차근차근 준비하면 된다. 은행나무의 나이테도 세월을 역류하지 않고 적응하며 천년을 버틴 것이다.

사소해 보이는 나의 일상도 차별화 포인트다. 인간미 넘치는 매력도 경쟁력이다. 나를 선택해야 하는 분명한 이유만 있으면 된다. 같은 브랜드, 같은 상품 종류라 할지라도 매출이 다르다. 다름의 이유는 세일즈맨이나 판매 매니저의 개인적인 브랜딩에 의한 것일 수 있다.

자신만의 스토리 및 콘텐츠 차별화로 나를 브랜딩하라.

02

언택트 시대,
고객과 접촉하지 말고 접속하라!

온라인 쇼핑으로 대변되던 언택트 현상은 코로나19로 인해 사회 전반으로 확산되었다. '언택트'를 넘어 '온택트'가 사회의 새로운 흐름으로 변화되고 있다. 사람과 사람 간의 비접촉이 대세가 되었다. 유통 시장은 급속하게 온라인 소비로 전환이 늘어나고 있다. 그뿐만 아니라 재택 근무로 인한 온라인 줌 화상 미팅이 일반화되고 있다. 기업에서는 2020년 중반 이후부터는 일상적인 회의도 화상으로 진행되고 있다. 내가 근무하는 회사에서도 줌을 활용한 화상 미팅을 일상적으로 진행 중이다. 처음에는 어색했으나 금방 적응되었다. 어떤 상황에서도 사람은 적응하기 마련이다. 비정상이 정상의 상황이 되는 뉴노멀 시대다. 세월의 변화를 역류할 이유가 없다. 새로운 트렌드에 적응해야 한다. 강한 자가 살아남는 것이 아니라 적응하는 자가 살아남는다. 인류의 역사가 그 사실을 증명하고 있다.

마케팅 트렌드도 확실하게 변하고 있다. '온택트' 문화의 확산은 필자가 몸담은 유통업계의 소비자와의 프로모션에도 영향을 주고 있다. 소비자 참여형 온라인 캠페인을 기획한다. 디지털 환경에서도 소비자들이 즐길 수 있도록 다양한 온라인 플랫폼을 활용한다. '집콕'이 일상화된 것을 활용한다. 최근 '홈트족'이라는 신조어가 유행이다. 홈트족을 위해 스포츠 브랜드들은 온라인 플랫폼을 활용해 운동 영상을 제공한다. 유튜브 채널을 통해 볼 수 있도록 다양한 콘텐츠를 제공한다. 인스타그램을 통해 매주 업데이트하며 집에서 운동할 수 있는 트레이닝 영상을 지속해서 올린다. 대형 스포츠 브랜드는 앱에 트레이닝 영상을 제공하고, 캠페인을 통해 건강을 유지하며 운동할 수 있도록 독려한다.

아동복 업체들은 가족들의 이야기를 온라인 영상으로 소개하는 캠페인을 전개한다. 영상으로 제작된 캠페인은 다양한 가족의 모습과 육아 스토리를 뽐내는 선발대회로 소비자들에게 접근한다. 캠페인을 통해 선발된 가족들은 직접 영상 출연을 해 가족들의 소소한 이야기를 나눈다. 육아 에피소드를 공유하는 유튜브 채널 방송은 소비자들과 활발하게 소통하고 있다. 유튜브는 실시간 방송이 가능하기 때문에 현장감 있게 소비자와 호흡하게 된다.

백화점 업계도 다양한 방식으로 '온택트'를 쇼핑에 접목시키기 위해 노력한다. 라이브 커머스 채널을 운영한다. 대형 검색 플랫폼과 연계한 프로모션도 진행했다. H백화점은 백화점업계 최초로 온라인으로 생중계되는 '디지털 라이브 패션쇼'를 진행하기도 했다. 해당 브랜드의 디자이너들이 직접 설명했다. 공식 유튜브 채널에 영상을 선보이며, 고객과 소통하기 위한 노력을 한다.

'온택트' 현상은 코로나19 상황이 끝나더라도 회귀하지 않을 전망이다. 사회의 시스템은 모빌리티, 온라인 플랫폼 등을 기반으로 움직일 것이다. 모든 연령층에서 삶의 전반적인 생활과 비즈니스 활동을 영위하는 디지털 트랜스포메이션 현상이 지속될 것이다.

지구촌 전체는 지금 코로나19로 인해 삶의 양식 전체가 재편되는 경험을 하고 있다. 처음에는 당황스럽고 황당한 변화를 원망하고 실의에 빠지기도 했다. 뭔가 복잡해 보였다. 오프라인을 주로 활용하는 강연 시장과 학원 교육 시장은 순간적인 멘붕 상태가 되었다. 지금도 완전히 회복된 것은 아니지만 '줌' 등 온라인 플랫폼을 활용하면서 적응하고 있다. 돈을 버는 생태계마저 바뀌고 있다. 누구도 피해갈 수 없는 세상의 변화에 적응해야 한다. '언택트'가 아닌 '온택트'로 새로운 극복의 패러다임을 만들어야 한다.

전국에 사업장이 있는 기업체나 단체에서 예전에는 미팅하기 위해 하루가 소요되었다. 지금은 화상 미팅으로 하기 때문에 미팅하는 시간만 소요된다. 시간 절약이 된다. 오고 가는 비용이 줄었다. 이어폰을 꽂고 대화를 주고받기 때문에 각자의 의견이 더욱 또렷하게 전달된다. '온택트' 회의의 장점이 발휘되고 있는 것이다.

《김미경의 리부트》의 김미경 작가는 책에서 이렇게 말한다. "아무리 코로나가 기승을 부려도 강의를 듣고, 공부하며, 동기부여를 받고 싶은 인간의 욕구는 사라지지 않는다. 특히 지금 같은 위기와 혼돈의 시기일수록 사람들은 더 길을 찾고 용기 내고 싶어 한다. 그렇다면 내 강의를 필요로 하는 곳이 앞으로 더 많아질 수도 있지 않을까? 사회적 거리 두기로 단절된 틈을 메꿀 방법만 찾아낸다면!" 그렇다. 김미경 작가는 본인이 운영하는 'MKYU대학'의 오프라인 수업과 미팅을 온라인으로 전환하며 대박을 터트렸다. 오프라인 강의를 할 때보다 더 뜨거운 반응으로 직원들도 더 많이 늘렸다고 한다. 코로나19 상황의 위기를 기회로 역발상해서 성공한 좋은 사례다.

고객과 접속하는 가장 중요한 것은 소통의 장으로 나오게 해야 한다. 내가 취급하고 있는 브랜드에 대해서 온라인상에서 소통이 되어야 한다. 그래야 고객과 관계를 유지할 수 있고 관심을 끌게 되면 구매까지 연결할 수 있다. 온라인 소통이 '온택트'인 것이다. 고객과 '접속'된 것이다. 오프라인에서 구매하는 고객도 사전에 '온택트'를 통해 소통된 후에 나오는 현상이 점점 많아질 것이다. 코로나19 상황은 디지털 트랜스포메이션을 압축적으로 빠르게 변화시키고 있다. 변화하던 AI의 시대를 순식간에 앞당겼다. 온라인 시장 중심으로 변화하던 '언택트' 시장을 '온택트'시장으로 급속하게 전환시켰다. 사람들은 머리로만 걱정하고 있다. '어떡하지…' 하는 생각이 밥을 먹여주지 않는다. 실행해야 한다. SNS 채널, 동영상 플랫폼, 이메일 등 다양한 수단을 통해 고객과 접속해야 한다. 모든 일상이 디지털화되고 있다. 가능한 한 빨리 해야 한다. 디지털 빈민이 되지 말아야 한다. 디지털 격차로 인해 부자와 빈자로 나뉠 세상이 올 때 어떤 쪽에 있을 것인가?

오프라인과 온라인이 합쳐지는 현상이 벌어지고 있다. 디지털 세계와 아날로그 세계가 융합되고 있다는 이야기다. 모든 산업시스템이 연결되고 있다. 모든 나라가 하나로 연결되는 경제를 보여주고 있다. 실시간으로 세계가 돌아가고 있다. 좋든, 싫든 디지털화되는 큰 물줄기를 바꿀 수는 없다. 적응해야 한다. 위기를 기회로 바꾸는 지혜를 모색해야 한다. 많은 사람들이 이용하는 넷플릭스는 사용자들의 취향대로 콘텐츠를 제공한다. 추천 서비스는 AI가 하는 것이다. 알고리즘은 사용자의 취향에 맞도록 콘텐츠를 짜서 제공한다. 정확도가 계속 올라가고 있다. 아마존의 무인 슈퍼마켓 '아마존 고'는 고객의 동선, 구매 습관, 결재 금액 등을 수집해 분석하는 AI 시스템을 운영하고 있다.

내가 있는 백화점 등 서비스 업체에서는 고객 안내 등 여러 부문에서 AI를 활용하고 있다. 식품 부분의 캐셔 인력들의 감소도 예상된다. 아마존과 같은 무인화 매장이 발달한다면 대체 인력들의 일자리는 없어지는 것이다. 이미 음식점이나 패스트푸드 전문점들의 경우, 아르바이트 사원이 없는 무인화가 급속히 진행되고 있다. 판매 인력의 무인화로 대체되는 현상이 특정 부분에서 끝나리라고 생각하지 않는다. 일반적이지 않은 자기만의 콘텐츠로 무장한 세일즈맨이나 판매 매니저가 되어야 한다. 고객과 지속적인 '접속'으로 소통하고 공감하는 나만의 채널을 운영해야 한다.

이제 우리는 코로나19 이전의 삶으로 돌아갈 수 없다. '온택트' 현상이 앞으로의 일상이다. '온택트'는 프리랜서형 지식 노마드들에게 새로운 기회를 만들어주고 있다. 그들은 디지털 경제의 선두에 가려는 노력으로 숨가쁘다. 혹시 1년 전에 하던 일을 똑같은 방법으로 반복적으로 하고 있다면 스스로 경고등이 들어와야 한다. 세일즈맨이나 판매 매니저들은 더욱 고객과 접속하려는 노력으로 '필살기'가 있어야 한다. 자신만의 고객과 소통할 수 있는 대화창인 '온택트' 채널을 만들 필요가 있다. 나중에 후회하지 말고 지금 즉시 만들자.

'언택트'를 넘어 '온택트' 시대! 디지털 트랜스포메이션하자.

'한 끗' 차이가
새로운 창조보다 낫다

디테일의 중요성을 강조하는 '한 끗' 차이! 패션이나 디자인 분야에서 '한 끗' 차이는 힘을 발휘할 때가 많다. 아저씨와 오빠의 차이는 패션의 '한 끗' 차이 때문이다. 헐렁한 바지를 편안하게 입은 남자는 아저씨다. 몸에 딱 맞춰 입으면 오빠다. 옷 맵시를 보더라도, 같은 가격을 지불하고 구입을 해도 패션 감각의 차이에 따라 이미지가 많이 달라진다. 이왕이면 센스 있는 복장으로 나의 이미지를 만든다면 사회생활에 큰 도움이 될 것이다.

스타벅스에서 일정한 마일리지를 쌓는 고객에게 증정하는 사은품들이 모두 삶의 '한 끗' 차이다. 사은품들은 치밀하게 고객의 삶을 관찰해 개발되는 결정체들이다. 나올 때마다 히트다. 다이어리부터 시작한 것이 현재 플레이모빌까지 발전되고 있다. 고객들의 뜨거운 호응에 담당팀도 놀라고 있다고 한다. 언박싱하는 모습을 영상에 담아 재미있게 편집해 인스타그램에 올리는 열혈팬들이 많다.

이러한 '한 끗' 차이는 사람들에게 삶의 여유와 소소한 행복을 선사한다. 삶에 지쳐 있는 고객들에게 '작은 재미'를 제공한다. 고객들이 행복해하는 모습을 보면, 마케팅하는 사람으로서 보람을 느낀다. 요즘 대형 유통회사나 카드회사에서는 구매금액에 따라 증정하는 사은품을 주로 상품권으로 증정한다. 예전에는 구매하기는 아깝고, 그냥 얻으면 좋은 상품들을 사은품으로 증정하는 프로모션을 많이 했다. 완성도 있고 경쟁력 있는 사은품을 개발하기 위해 컨벤션(품평회)까지 진행하는 경우가 많았다. 가치 있는 '한 끗'을 고객들에게 증정하기 위해 노력한다.

기억에 남을 여러 사은품 중에 한 가지를 소개하겠다. 주부 고객들이 주방 세제의 불편을 이야기하는 것을 듣고 기획을 시작했다. 천연 무독성 수입 세제를 발굴해 사은품으로 제공했다. 우리나라에는 없는 상품이었다. 결과는 대박이었다. 기대 이상이었다. 사은품 행사가 끝난 후 이 세제는 시장에 팔리기 시작했다. 날개 돋친 듯이 판매되었다. 우리나라에 처음으로 주방 세제를 수입한 회사는 너무 고마워했다. 마케팅 현장에서는 모든 것이 관찰 대상이다. 끊임없이 고객들의 삶의 불편함을 경청하고 개선하려는 노력이 '한 끗' 차이의 경쟁력을 만들어낸다.

고객들과 매장 현장에서 만나 이야기를 듣는 경우가 많다. 대부분 소소한 불편들을 이야기한다. "백화점의 모든 것이 다 좋은데 화장실에 핸드백을 놓을 곳이 있으면 좋겠어요." "우산이나 가방걸이가 있으면 얼마나 좋을까요." 편의 시설을 사용하면서 불편을 느낀 고객들의 사심 없는 현장의 소리다. 나는 고객의 이야기를 듣고 바로 설치했다. 말씀해주신 고객에게 설치 전과 설치 후의 사진을 보내드렸다. 그 고객은 지나가면서 무심코 전한 의견을 바로 시행하는 백화점의 모습에 놀랐다며 매우 즐거워했다.

백화점은 모든 편의 시설이나 상품들이 최상의 상태로 유지되어 있어야 한다. 회사의 가치와 경쟁력은 디테일한 '한 끗' 차이에서 결정되기 때문이다. 마케팅 팀장으로 근무할 때, "고객의 이야기는 어떤 것이라도 흘려듣지 말자"라고 직원들에게 강조를 많이 했다. 회사의 수준은 그런 곳에서 나타나기 마련이다. 지금은 상품도 최고로 구성되어 있고, 편의 시설도 최상의 상태로 유지되고 있다.

세상에 없는 것을 만드는 것을 '발명'이라 한다. 창조되는 것이다. 세상에 없던 상품이 탄생이 되기도 한다. 흔치 않은 일이다. 대부분의 신상품은 기존 상품들을 보완해 탄생한다. 살짝 기존의 것들을 비틀어서 유행을 만들기도 한다. 남성 정장의 경우 쓰리 버튼을 투 버튼으로, 싱글 정장을 더블 정장으로 살짝 비틀어서 트렌드를 선도한다. 모두가 쓰리 버튼을 입을 때 투 버튼을 입으면 왠지 유행에 뒤떨어지는 느낌이 든다. 유행 따라 정장을 바꾼다.

고객들은 매장에서 "요즘은 이런 상품이 유행이에요"라는 말을 판매 사원에게 들으면 귀가 솔깃하다. '이 상품을 구입하지 않으면 유행에 뒤떨어지는 것 아닌가?' 슬쩍 불안해진다. 판매 매니저는 진실하게 도와야 한다. 판매할 욕심에 강요하면 안 된다. 고객이 "유행이 빠르네요. 제안 부탁해요"라고 하면 상품 설명을 짧고 진정성 있게 조언하면 된다. 고객은 고마워할 것이다. 판매 매니저는 '한 끗' 차이로 라이프 컨설턴트가 된다.

내가 자문역으로 있는 강남 파미에스테이션에 '달가마'라는 캐쥬얼 한식집을 1년 전에 오픈했다. 터미널, 백화점, 호텔, 면세점이 어우러져 있는 트리플 역세권이다. 젊은이들 사이에 '고터'라고 불리는 핫플레이스다. 이곳에 맛깔스러운 한식당이 없었다. 파미에스테이션 내에 한식 맛집을 직접 운영하기로 의사 결정을 했다. 고객들에게 일반 한식당들과는 격이 남다른 식당으로 제안하고 싶었다. 뭔가 '한 끗' 격이 다른 MD를 기획했다.

'달가마'는 모던 한식집이다. 젊은 사람들과 직장인들이 좋아할 메뉴로 구성했다. 인공조미료를 쓰지 않는다. 수입산 재료를 사용하지 않는다. 식재료들이 깔끔하다. 까망보쌈과 수란을 활용한 김치볶음밥은 메뉴 중에서도 단연 인기다. 식기도 모던 한식에 맞도록 기획·제작했다. 기본찬인 배추김치는 조선호텔 김치를 사용한다. 멸치볶음 맛이 독특해서 인기 있는 찬이다. 모든 메뉴가 다른 일반 한식당에 비해 한 단계씩 격이 높게 느껴진다. 고객들에게 인기다. 특히 외국인들에게 한국의 맛을 소개하려면 '달가마'가 제격이다.

내가 있는 곳의 백화점에는 전국 상위 랭킹에 있는 브랜드 매장이 많이 있다. 다른 백화점과 비슷한 상품들을 취급하고 있다. 하지만 판매 매니저들이 다르다. 전국에서 내로라하는 판매 매니저들이 포진되어 있다. 그들은 패션 감각도 남다르다. 남자 판매 매니저들은 패션과 뷰티에 관심을 두고 관리를 한다. 그중 친한 매니저가 "대한민국 남성들은 비주얼 이미지가 중요한 현재를 살고 있다. 비즈니스 전문성과 탁월한 업무 능력에 센스 있는 옷맵시까지 더해진다면 어떨까? 자기 관리가 탁월한 스마트한 사람으로 인정받을 수 있을 것이다"라며 나에게 조언했다. 옷차림의 '한 끗' 차이다. 맞다. 옷을 어떻게 입느냐에 따라서 마음가짐과 인생을 대하는 태도까지도 바꿀 수 있다.

조금만 신경 쓰면 아저씨에서 오빠로 변신할 수 있다. 재킷 단추를 전부 채우면 아저씨이고, 하나만 잠그면 오빠 이미지다. 샴푸와 로션은 같은 향을 쓰는 것이 좋다. 또한, 양복바지와 양말 색은 통일하는 것이 좋다. 설마 흰 양말을 착용하는 세일즈맨은 없겠지만. 흰 양말은 절대 안 된다. 자신의 비즈니스 아이템마저 신뢰를 못 받을 수 있다. '한 끗'만 신경 쓰자.

내가 사는 지역에는 전국에서 가장 큰 터미널이 있다. 이 중 호남선은 현대식으로 많이 개선되었는데, 경부선은 여전히 낙후되어 있었다. 1년 전에 대표이사 이하의 스텝들과 의논을 한 결과, 새로 무엇을 새롭게 만드는 것이 아니라 환경 개선을 하기로 했다. 경부선을 이용하는 시민들의 편의성을 높이자는 취지였다. 많은 예산은 아니지만, 경부선에서 발생하는 수익에 비해서는 거액의 예산을 투입했다. 공용 부위를 현대식으로 바꾸었다. 예전에는 한여름과 한겨울에 시민들이 밖에서 버스를 타기 위해 대기해야 하는 불편함이 있었다. 조금의 레이아웃과 공사를 통해 실내에서 대기했다가 탈 수 있도록 조정했다. 옛날의 낙후된 이미지를 깔끔하고 모던한 새 이미지로 정돈했다. 시민들의 반응은 뜨거웠다. TV 뮤직비디오 촬영도 하는 명소가 되었다. 역시 고객의 서비스를 기반으로 하는 회사가 만드니 다르다는 평을 많이 받았다.

현재는 호남선(센트럴시티) 중앙 광장을 모던한 분위기로 바꾸는 공사가 완벽하게 마무리되었다. 시민들이 사용하는 공간을 편의성에 맞도록 계속 개선하는 것이다. 이러한 '한 끗' 차이 나는 노력이 브랜드 이미지를 높여주는 것이다. 고객을 상대하는 모든 사람은 노력해야 한다. 지속해서 고객 및 트렌드 변화를 끊임없이 관찰해야 한다. 관찰될 때마다 즉시 영업 및 경영에 반영한다. 최상의 상태로 품질 및 서비스 수준이 유지된다.

고객의 마음을 움직이는 비법은 동전의 양면과 같다. '우연'과 '행운'의 차이는 어디서 올까? 나는 '행운'은 철저히 준비하는 자에게 오는 혜택이라 믿는다. 일상을 관찰하라. 평정심을 갖고 긴 호흡으로 세상을 바라보자. 세상의 변화가 빠름에 대해 당황하지 말자. 침착하게 자신이 서 있는 위치를 판단해보자.

고객을 상대하면서 일을 해야 하는 직종에 있다면 매일 고객 일기를 써보자. 하루에 10분만 투자해보자. 일하다 잠깐 쉬는 시간 정도면 된다. 일정한 시간을 알람으로 맞춰놓자. 누구도 가보지 않은 길을 가보라. 새로운 프론티어가 된다. 거창한 것이 아니다.

매일의 '한 끗' 차이 나는 노력이 당신을 거인으로 인도할 것이다.

04

포스트 코로나 시대,
장사의 방향을 제시하다

코로나19 상황은 우리집의 먹거리 문화를 싹 변화시켰다. 코로나19 이전에는 '대형 마트' 중심의 쇼핑을 했다. 또한 밖에서 주로 식사를 해결하는 경우가 많았다. 그러나 코로나 이후에는 거의 집에서 식사한다. 한창 밖에서 친구들을 만날 20대 자녀들도 집에서 식사한다. 맞벌이하는 아내는 배달 음식을 조금씩 활용하다가 이제는 본격적으로 이용한다. 새벽 배송으로 배달되는 음식들이 나름 맛있다. 한 달 동안의 메뉴가 구성되어 있다. 영양 관계도 챙겨주는 반찬 회사가 고맙다. 아내는 별도로 가정간편식(HMR)도 활용한다. 대형 마트에서 장보던 것들도 거의 온라인 몰을 활용한다.

삶의 패턴이 완전히 변했다. 새벽 배송이 일상화되었다. 새벽 배송 시장 경쟁이 치열하다. 운동을 위해 아파트 계단을 주로 이용하는데, 새벽마다 각 집 문 앞에 배달된 물건들을 볼 수 있다. 업체 현황을 알 수 있을 정도다. 아내가 퇴근하면서 탕 종류의 밀 키트를 사온다. 맛있다. 손질을 안 해도 된다. 집에서 요리하는 것을 즐기는 아내가 사서 올 정도면 밀 키트 시장은 엄청 커지는 중일 것이다.

집밥 비중이 높아지면서 음식의 맛을 돋우는 조미료, 향신료, 소스류, 장류 등의 소비도 많이 늘었다. 수산물 가공상품은 거의 블루오션이라 할 만큼 성장이 가파르다. 특히 노르웨이 고등어의 경우는 전 국민의 애용 식품이 되었다. 코로나19 상황은 식품 산업의 먹거리 문화 자체를 변화시키고 있다. 식당 자영업을 하는 많은 사장님은 귀담아들어야 할 내용이다.

장사를 어떻게 해야 하나? 어떻게 점포를 운영해야 하나? 코로나19 상황 이전으로는 절대로 돌아가지 못할 것이다. 고민이 많아진다. 지혜를 모아보자. 시장을 냉정하게 판단해야 한다. 점포를 유지하고 장기적으로 수익을 내려면 독특한 판매 제안이 있어야 한다. 내 점포만의 강점 요소가 무엇인지 일단 적는다. 스무 가지를 적고 하나씩 지워나간다. 마지막 다섯 개가 남을 때까지 한다. 다섯 개의 강점을 두 줄 요약으로 다시 적는다. 그것이 사장님의 강점 포인트다. 중요한 것은 돈이다. 최소의 투자로 최대의 효과를 낼 수 있는 시스템을 만들어야 한다. 돈의 회전율을 생각해야 한다. 최적화 콘셉트를 만들어라. 최우선은 상품이다. 그다음이 큐레이팅이다. 상품이 음식이라면 맛깔스럽고 깔끔하게 꾸며야 한다. 식당 분위기도 중요하다. 주인 사장님의 삶의 철학이 들어가 있는 심플한 인테리어를 할 것을 권유한다.

소비자와 연결되는 샵(SHOP), 서비스만이 살아남을 수 있다. 누군가 입소문을 내주는 상품 경쟁력이 있어야 한다. 맛있는 식당이나 카페 등은 주인 사장님이 홍보하지 않아도 이용해본 고객들이 자연스럽게 인스타그램에 올리는 세상이다. 이제 나 홀로 영업하는 시대는 지났다. 나의 브랜드가 고객과 함께 성장한다는 마인드를 갖고 영업해야 한다.

만약 음식점을 경영하는 사장님이라면, 원재료를 공급하는 산지를 직접 찾아가볼 것을 조언한다. 예를 들면, 고객들에게 제공하는 '쌀'의 산지에 가서 스토리를 찾아보자. 고객에게 스토리를 전달하자. 고객에게 맞춤으로 서비스할 수 있는 브랜드만이 살아남을 수 있다. 자신의 샵(SHOP)이 브랜딩되어 있지 않다면 브랜딩해야 한다. 브랜딩의 방법은 스토리텔링이다. 사람들은 이야기를 전하는 것을 본능적으로 좋아한다. 인간의 역사는 이야기의 역사이기 때문이다. 유명한 세계적인 브랜드들도 스토리텔링을 통해 '언택트'를 넘어서 '온택트'하기 위해 몸부림치고 있다.

코로나19로 인해 앞당겨진 미래는 미지의 세계다. 이전 세계에 없던 것들을 시도하고 있다. 관계가 필요한 비즈니스 담당자들은 온라인상에서 고객과 소통하기 위해 '온택트'하고 있다. 한 번도 하지 않은 새로운 시도가 두렵고 무서운가? 익숙지 않은 것에 대한 막연함이 있는 것은 사실이다. 그러나 털고 일어나자. 희망으로 나의 꿈을 다시 확인하자. 내가 가진 업의 본질이 무엇인지 다시 점검하자. 뼈대만 남겨놓고

동물들이 털갈이하듯 확 바꿔보자. 변화의 속도에 맞춰 장사의 방향을 생각해보자. 상황에 맞게 변신해야 한다. 강남의 유명한 햄버거 브랜드는 배달하지 않는 곳이었는데. 코로나 이후 배달을 시작했다. 스타벅스도 배달하지 않았는데, 지금은 배달을 고려해 일부 매장에서 시범 운영 중에 있다. 영업은 매출이 생명이다. 장사가 안 되면 망한다.

변하지 않는 북극성 같은 뚜렷한 꿈의 좌표가 있는가. 변신은 북극성으로 가는 길을 알려줄 것이다. 우왕좌왕하지 않고 갈 수 있는 것은 북극성이라는 뚜렷한 좌표가 있기 때문이다. 인류의 역사에서 볼 때 전쟁 중에도 시장은 열렸고 장사는 계속되었다. 지금도 마찬가지다. 장사의 형태가 '온택트'의 방향으로 흘러가는 것이다. 이 방향을 미세하게 감지하고 빨리 올라타야 한다. 모든 역량을 동원해 행동할 방식을 찾아야 한다.

장사의 방향이 나의 꿈의 방향과 다르다면 빨리 정리하라. 멈칫멈칫 우물쭈물하다가는 시간만 낭비할 뿐이다. 지금 하는 장사가 힘들어도 재미있는가? 그렇다면 지금을 극복하라. 반드시 길이 있을 것이다. 단, 과욕을 부리지 마라. 아마추어와 프로의 차이를 명확하게 인식해야 한다. 아마추어는 자기가 좋아하는 일을 돈을 내고 하는 사람이다. 프로는 자기가 좋아하는 일을 돈 받고 하는 사람이다. 내가 지금 하는 장사가 어떤 상태인가? 남의 말을 귀동냥으로 듣고 혹시 시작하려 한다면 하지 마라. '어떤 것이 뜬다더라' 해서 성공한 사례를 본 적이 없다. 이것은 '어느 학원이 좋다'라는 소문에 학원을 옮겨다니는 학생들과 같다. 공부는 안 하면서 괜히 옮겨다니며 학원 운영비만 보태주는 학생 꼴이다.

몇 년 전, 예전에 살던 동네에 있는 빵집을 컨설팅해준 적이 있다. 프랜차이즈가 아닌 빵집이다. 지하철역 앞이라 위치가 좋았다. 가게 사장님은 장인 정신이 투철한 분이었다. 우연히 그 사장님을 오가며 알게 되어 애로사항까지 듣게 되었다. 사장님은 장사가 생각만큼 안 된다고 이야기하셨다. 내가 먹어보니 빵 맛은 좋았다. 여러 가지 빵을 많이 만들어 판매했다. 빵집은 영업이익률이 커피숍이나 치킨집보다 낮다. 특성상 영업시간이 길고, 종업원 수도 상대적으로 많다. 매출도 매출이지만 수익성이 좋아지려면 구조 개선을 해야 했다.

사장님께 매장을 테이크아웃 중심으로 재편해야 한다고 제안했다. '지하철 상권의 특성을 살려야 한다. 사람들의 퇴근길에 시식을 적극적으로 활용하자. 젊은 층 중심으로 수요를 집중하자. 식빵을 특화시키자'고 제안했다. 배후가 주거지이므로 단골 고객 확보에 주력했다. 많은 빵 종류를 압축했다. 장인정신이 철저하신 분이어서 재료와 맛, 선도 관리는 양호했다. 개선이 많이 되었다. 빵집은 운영을 잘해야 한다. 겉으로 남고, 속으로 골병들 수 있는 사업이다. 철저하게 고정 비용을 슬림화해야 한다. 재료 사용을 압축해 원부재료비 코스트를 낮춰야 한다. 그 이후 식빵이 맛있는 집으로 소문이 났다. 빵집 사장님과는 매출을 올리는 방법을 같이 생각했다. 아울러 수익이 나도록 경영 컨설팅을 했다. 보람 있었다.

과거의 스펙이 무용지물 되어가는 세상이 도래하고 있다. 세상의 질서가 완전히 달라지고 있다. 기존에 받았던 교육의 패러다임이 변하고 있다. 완전히 새로워진 나를 만들어야 한다. 진정으로 내가 무엇을 원하는지를 깊이 따져봐야 한다. 나의 업의 본질만 남겨놓고 다시 세팅해보자. 그동안 나와 함께 지냈던 내 속의 관행들을 드러내고 재평가해보자.

만약 그 습관들이 헷갈린다면 털어내야 한다. 과거의 자신은 비워야 한다. 묵은 체화재고 털어내듯 깨끗이 비워야 한다. 그래야 새로운 것이 들어갈 수가 있다. 빠르게 선택과 집중을 하자. 과거에 미련을 갖지 말자. 새로운 방법과 나만의 업의 패러다임을 재구축하자. 그래야 포스트 코로나 시대의 장사 방향이 나온다. 믿고 해보자.

업의 본질의 중심에 '고객'을 놓자. 고객과 온택트하자.

경쟁사를 못 이길 바에는
판을 바꿔라

'우생마사(牛生馬死)'라는 사자성어가 있다. 소와 말이 물에 빠지면 말이 소보다 훨씬 빨리 물에서 나온다. 그런데 장마철 급류 때는 다르다. 소는 살아 나오는데 말은 익사하는 경우가 많다. 헤엄을 잘 치는 말은 자신의 힘만 믿고 물을 거슬러 오르다 결국 지쳐서 익사하고 만다. 하지만 소는 물살에 몸을 맡긴 채 떠내려가면서 조금씩 뭍으로 접근해 걸어 나온다.

사람 사는 세상도 마찬가지다. 힘들수록 순리를 거스르지 않는 지혜를 발휘해야 한다. 변혁의 급류에 모든 것이 휩쓸려가고 있는 코로나19 시대다. 승자 독식, 부익부 빈익빈, 경쟁 등 낯설지 않은 단어들이 상대적인 박탈감을 키우고 있다. 변혁의 소용돌이에 순응하되 자신만의 생존 키워드를 찾아야 할 때다. 새로운 흐름과 싸우고 있다면 미래와 싸우는 것과 같다. 새로운 변화의 물결을 받아들여야 한다. 그 변화의 물결이 우리를 미래로 인도해줄 것이다.

초등학교 6학년 때의 이야기를 해보겠다. 그 당시, 동네 친구들 사이에서 야구가 붐이었다. 동네 대항 야구 시합을 많이 했다. 옆 동네에 야구를 잘하는 친구가 있었다. 그 친구는 나중에 프로야구 선수가 되었다. 그 친구는 투수였다. 우리 동네와 시합할 때 그 친구가 참석하면 볼 것도 없이 우리 동네는 콜드패였다. 나는 다른 운동으로 한 판 붙자고 꾀를 냈다. 야구와 함께 유행이었던 권투로 하자고 했다. 양쪽에서 다섯 명씩 선수를 뽑았다. 나는 호기롭게 1번 주자로 나섰다. 야구 잘하는 그 친구도 1번 주자였다. 막상막하 접전을 벌였다. 2회전 그 친구의 펀치에 쌍코피가 터졌다. 우리 동네가 또 졌다. 야구로는 적수가 되지 않아 '판'을 바꿨다. 그러나 실패했다. '판'을 잘못 읽었다. 나중에 또 '판'을 바꿨다. 탁구였다. 그때는 우리 동네가 이겼다. 그때의 추억과 교훈이 동시에 생각난다. '판'을 바꿀 땐 잘 바꿔야 한다는 사실을.

비즈니스도 '판'이 있다. 지금 내가 있는 '판'이 어떤 '판'인지 판단해야 한다. 만약 경쟁우위를 유지하고 있다면 더욱 '판'을 키워야 한다. 나만의 비즈니스로 우뚝 설 수 있도록 매진해야 한다. 지금의 '판'이 경쟁사와 비등비등하다면 미래를 생각하면서 시나리오를 써야 한다. 나의 역량을 돌아보고 경쟁우위로 갈 방법을 모색한다. 만약 경쟁사에 밀리고 있는 '판'이라면 경쟁의 방식을 바꿔야 한다. 맞불 작전은 절대로 불리하다. 빛도, 그림자도 없이 사라지기 쉽다.

이제는 SNS를 빼놓고는 생각할 수 없는 환경이 되었다. 코로나19 환경은 SNS 형태의 매체들을 더욱 활용시키고 있다. 누구나 유명해질 수 있는 시대가 되었다. 유튜브, 페이스북, 인스타그램 등의 SNS 활동이 미래를 가늠할 수 없을 정도로 가속의 페달을 밟고 있다. SNS의 일상은 사람들의 일상 공유를 넘어 비즈니스로 연결되고 있다. 일종의 지식 노마드 출현 현상이 가속화되고 있다.

뭔가 결정을 해야겠는데 혼란스럽다. 이럴 때 사고의 원칙으로 삼을 수 있는 황금률이 있다. 《2030 대담한 미래》의 저자 최윤식 작가는 "미래의 기회는 당신의 생각보다 늦게 오고, 미래의 위기는 생각보다 더 빨리 온다"라고 말했다. 변화에 민감하되 세월의 흐름을 관통하는 맥을 짚으라는 이야기다. 생각보다 빨리 올 위기부터 대비하고 기회를 모색해야 한다. 경쟁사를 이기지 못하는 '판'이라면 재빨리 게임의 룰을 바꾸자. 단, 판을 바꿀 때의 리스크에 철저히 대비해야 한다.

내가 다니는 회사는 2010년 이후 게임의 룰을 바꾸며 성장했다. 과감한 의사 결정으로 경쟁사와의 소모적 출혈 경쟁을 지양했다. 고객의 트렌드 관찰에 세심한 노력을 기울였다. 유통업의 관행으로 굳어져 있던 전단 광고를 폐지했다. 과거로부터 습관적으로 진행하던 것을 끊기가 두려웠던 회사 내의 반대도 있었다. 하지만 고객은 더 이상 오프라인의 전단을 보고 움직이지 않는다. 사람들은 신문에 삽지되어 들어오는 다양한 회사들의 전단 광고를 읽지도 않고 쓰레기통으로 넣는다.

2000년 이후 경쟁사는 다점포화에 초점을 맞추고 있었다. 전체 시장 M/S에서 절대 우위를 지속했다. 우리 회사는 맞불 출점은 승산이 없다는 판단했다. 거점 도시 1번 전략으로 게임의 룰을 살짝 비틀었다. 점점 더 똑똑한 소비를 하는 고객의 흐름을 읽은 것이다. 우리나라 주요 도시에 들어간 점포는 모두 M/S 1등을 하고 있다. 나는 신규 프로젝트를 담당하면서 대구점 출점을 기획한 적이 있다. 지금은 명실공히 대구 지역 1등 점포가 되었다.

2010년 중반에 강남점을 증축 확장했다. 오프라인의 위기를 다들 이야기할 때 역발상으로 점포를 확장한 것이다. 이 또한 고객의 흐름을 읽은 것이다. 배후 상권의 신규 아파트 수요를 읽었다. 소비 트렌드의 부익부 현상을 반영하기 위해 노력했다. 매장을 단순하게 상품을 늘리기 위한 확장에 멈추지 않았다. 고객의 라이프 스타일을 집중적으로 연구했다. 생활 매장을 라이프 스타일 전문 매장으로 강화했다. 장르별로 고객들의 삶의 수준에 맞춰 상품을 체험할 수 있도록 매장을 구성했다. 결과적으로 현재는 명실공히 대한민국 1등 매장이 되었다. 세계적으로도 단일 점포 매출 5위 안에 들어가는 것으로 알고 있다. 회사는 스마트한 소비를 하는 고객의 니즈를 간파한 후 곧바로 경영에 반영한 것이 성공적인 결과를 끌어냈다. 고객의 변화에 맞는 빠른 의사 결정의 중요성을 다시금 느낀다.

작은 가게를 경영하든, 큰 가게를 경영하든 장사의 원리는 같다. 언제나 나의 경쟁 가게는 존재한다. '판'을 주의 깊게 살펴보고 빠른 의

사 결정을 한 후, 즉시 행동해야 한다. 나의 체면 때문에 과욕을 부리면 낭패를 당하게 된다. 오로지 내 가게를 이용하는 고객만을 바라봐야 한다. 자금을 마련하더라도 내가 컨트롤할 수 있는지 냉정하게 살펴야 한다. 주변의 이야기에 휘둘리면 큰일난다. 치킨집의 경우, 새로운 브랜드가 계속 탄생하고 있다. 자영업을 하려는 사람들이 많아지고 있다는 방증이다. 자영업을 하기 전에 경쟁의 '판'을 읽어야 한다. 높이 나는 독수리가 먹잇감을 더 쉽게 찾을 수 있다. 본인이 하고 싶은 아이템이 있다면 객관적으로 바라봐야 한다. 철저히 시장의 흐름에 맞는지 조사해야 한다. 수익성이 나올 수 있는지 면밀하게 검토해야 한다.

이 '판'에 뛰어들었을 때 경쟁 브랜드나 경쟁 가게와 부딪혔을 때 승산이 있는지 냉정하게 살피자. 만약 승산이 없다면 '판'을 바꾸든지 경쟁의 룰을 바꿔야 한다. '당장 뭐라도 해야 먹고살 텐데'라는 기분이 들 수도 있다. 답답할 수 있다. 차분해져야 한다. 대한민국 치킨집은 창업보다 폐업이 더 많다. 계속 밀어내기식으로 창업과 폐업이 반복된다. 가게를 고치고 개업해야 하므로 인테리어 비용도 만만치 않다.

요즘 배달이 대세다. 여러 군데에서 오는 택배나 배달 상품들을 보면 그 회사의 수준을 알 수 있다. 어떤 회사는 고객 편의성을 고려한 패키지를 만들기도 한다. 개인정보 노출 위험을 고려해 이름난이 쉽게 뜯어지게 제작한 곳도 있다. 이러한 온라인 회사의 섬세한 접근을 볼 때 신뢰가 생기고 상품에 대한 믿음도 커진다. 어떤 회사는 성의가 너무 없어 보이게 주섬주섬 비닐 안에 상품을 넣어 배달한다. 심지어 여러 개를 주문하면 항상 한두 개는 품절이다. 이렇게 상품을 배송받으면 기분까지 나빠진다.

환경을 생각해 냉동 상품 배송에 드라이아이스 대체재가 사용되는 추세다. 100% 물을 활용한 친환경 아이스팩이 들어 있는 상품을 받으면 너무 기분이 좋다. 기존 아이스팩은 재활용이 안 되어 폐기 쓰레기로 처리된다. 미세 플라스틱으로 제작되므로 생태계에 악영향을 준다. 완전 분해에 500년이 걸리는 것으로 알고 있다. 그러나 친환경 아이스팩은 종이를 활용한 것이기 때문에 분리수거가 쉽다. 물을 버리면 되고 종이는 분리수거하면 된다. 사람들의 인식이 '친'환경에서 '필'환경으로 바뀌고 있다. 종이 아이스팩은 우리나라의 개인 기업이 개발한 세계 최초 기술이다. 코로나19 이후의 모든 경제활동은 '안전'과 '환경'을 생각하는 쪽으로 변화되고 있다. 조그만 자영업을 하는 가게부터 대규모 사업을 하는 대기업까지 모두 필연적으로 염두에 둬야 할 핵심 키워드다.

나만의 블루오션을 찾아야 한다. 고객에게만 집중하자. 세상의 트렌드가 어디로 향하고 있는지 관찰하자. 북극성처럼 움직일 수 없는 나만의 꿈 좌표를 갖자. 멀리 보고 긴 호흡으로 준비하자. 다양한 길을 모색해보자. 앞에 닥칠 역경을 두려워하지 말자. 두려움과 후회라는 씨앗은 인간의 행복을 방해하는 최대의 적이다. 세상의 흐름을 놓치지 말자. 파도타기 하는 사람들이 큰 파도를 즐기듯 현재 상황을 즐기면서 헤쳐가자.

'판'을 바꾼다는 의미는 나 자신을 바꾸는 것부터 시작한다. 스스로 나약해지면 안 된다. 내 내면에 있는 부정의 기운을 몰아내고 긍정의 씨앗을 심자. '경쟁사를 못 이긴다'는 의미는 나의 사업을 다시 차분히 점검할 기회를 찾으라는 이야기다. 고객에게 초점을 맞추고 고객을 상대하는 마음가짐이나 사용하는 말부터 점검하자.

'판'을 주의깊게 관찰하고 '고객'에 집중하면 답이 나온다.

06

디지털 시대 영업담당자는
'인플루언서'다

세상이 변화의 물결로 난리다. 인류 역사에 이러한 격변기가 있었을까? 모두 변화에 적응하기 위해 분주하다. 유통의 흐름은 업태 자체를 흔들고 있다. 먹고사는 것은 변함없다. 유통은 생산자와 최종 소비자를 연결하는 매개체 역할을 한다. 이 매개 기능이 급속하게 변화하고 있다. 현장 영업을 하는 세일즈맨과 판매 매니저들은 긴장한다. 그들은 당장 오늘의 실적이 중요하다. 월별 매출로 평가를 받고 급여를 받는다.

시나브로 몇 년 후에 도래할 것 같은 미래 현상이 몇 달도 되지 않아 내 옆에 와 있다. 미래를 준비하고 있었는데, 또 다른 미래가 훅 내 앞에 서 있는 것이다. 당황스럽다. 디지털이라는 미래는 사람들 생활의 모든 수단을 뒤흔들고 있다. 이제 디지털을 빼놓고는 이야기할 수 없는 시대가 되었다. 유통에 생계를 걸고 있는 모든 사람은 디지털 시대를 대비하는 영업을 준비해야 한다.

영향력이 돈이 되는 시대다. '인플루언서'의 시대다. 1인 미디어를 통해 사람들에게 영향력을 끼친다. 영향력을 행사하는 분야는 사람이 살아가는 모든 분야다. 여행, 스타일, 푸드, 테크, 동물, 스포츠, 엔터테인먼트, 컬처, 경제·비즈니스, 어학·교육 등 사람의 라이프 사이클 전 부문에 영향력을 끼치고 있다. 수억 원의 모델료를 주고 상품을 광고하는 시대도 저물어가고 있다. 현재는 인플루언서의 개인 방송을 통해 고객에게 상품의 이미지를 전달한다. 인플루언서의 한마디가 상품의 경쟁력을 좌지우지한다. 예전에는 상상하지 못할 일이 이제는 자연스러운 현상이 되었다. 누구나 '인플루언서'가 되고 싶어 한다. 진입 장벽이 없다. 자본주의 시장에서 말하는 완전 경쟁 시장에 가깝다. 본인들의 콘텐츠 경쟁력만 있으면 된다. 고객이 공감하는 스토리텔링이 전달되면 수많은 사람의 공감을 얻을 수 있다.

아날로그 시대에서는 각종 단체의 리더들이 '인플루언서'였다. 동네마다 있는 부녀회장, 동호회장, 지역의 통장, 친목회 총무, 동문회장 등 목소리 큰 분들의 입소문 역할이 컸다. 이런 모임도 디지털화되고 있다. 온라인을 통해 소통하는 경향이 많아졌다. 디지털 시대에는 '인플루언서'들이 입소문을 내는 바이럴 역할을 한다. 디지털 시대에는 영업담당자가 '인플루언서'다. SNS를 적극적으로 활용해야 한다. 거창하게 생각하지 말고 모든 세일즈맨과 판매 담당자들은 마이크로 '인플루언서'가 되도록 노력해야 한다. 먼저 내가 다루고 있는 상품의 스토리를 모아서 체계적으로 정리한다. 누구나 할 수 있다. 습관이 안 되어 있을 뿐이다. 체계적으로 정리된 것들을 한꺼번에 풀지 말고 일상에 접목해 시계열로 스토리텔링한다. 진실한 나만의 콘텐츠가 완성될 것이다.

세일즈맨이나 판매 분야에 있지 않은 사람이라면 내가 좋아하는 분야를 찾아 깊이 파고 연구하자. 돈이 될 수 있는 새로운 길이 열릴 수 있다. 주변은 신경 쓰지 말고 나에게만 집중하자. 내가 관심 있는 분야에서 영향력을 펼칠 수 있는 날이 온다. 욕심부리지 말고 차근차근 내가 소중하게 여기는 그것에 집중해 나아가자. 표준화되고 매뉴얼화된 인생은 더 이상 자신의 미래를 견인할 수 없다. 삶을 주체적으로 살아야 한다. 자신이 소유한 긍정 자산을 잠재의식 속에서 캐내야 한다. 자신만이 가지고 있는 매력 자산을 발굴하자. 가까운 미래에 훌륭하게 성장해 있는 자신을 발견할 것이다.

나 역시 변신 중이다. 27년간의 회사생활에는 마케팅과 경영 관리 분야에서 일했던 소중한 경험과 지혜들이 축적되어 있다. '디지털 남윤용'으로 변신하는 노력을 하고 있다. 그동안의 기간이 회사를 위한 아웃풋이었다면, 이제는 나를 위한 아웃풋을 낼 것이다. 나와 비슷한 연배들은 회사에 올인하거나 사업에 올인한 분들이 많다. 이제는 내가 좋아하는 일을 하면서 선한 영향력을 낼 시간이다.

패러다임이 바뀌는 시대다. '본캐'보다 '부캐'가 더 소중하게 느껴지는 사회가 되고 있다. 이제 SNS는 필수다. 사용만 하며 킬링 타임하는 사람이 될 것인가? 아웃풋을 내는 생산자가 될 것인가? 나 같은 중년도 SNS 생산자가 되기 위해 노력한다. 젊은 독자들은 나의 노력에 용기를 얻기를 바란다. '남윤용'도 하는데 못할 게 있을까? 나보다 젊은 세대들은 빠르게 SNS 생산자가 될 수 있다. 나는 이 세상 끝날 때까지 배우고 공부하는 일을 계속할 생각이다. 인플루언서로서 사회에 선한 영향력을 끼치고 싶다.

사회적으로 '인플루언서'로서 큰 영향력이 있는 '아침편지' 고도원 선생님과 'MKYU' 김미경 선생님을 존경한다. 고도원 선생님은 우리 늦둥이 학교의 이사장님이다. 그분이 매일 보내주시는 '아침편지'는 나의 일상을 긍정의 일상으로 바꾸었다. 고도원 선생님의 마르지 않는 열정과 지치지 않는 선한 추진력은 감동 그 자체다. 항상 긍정과 '꿈 너머 꿈'을 후학들에게 전하시는 모습이 경이롭다. 고도원 선생님은 '행복 전도사'다.

김미경 선생님이 코로나19 상황을 극복하는 과정은 위기를 기회로 전환시키는 전형적인 프로의 모습 그 자체다. '디지털 김미경'으로 전환하는 그분의 노력을 생생하게 느낄 수 있었다. 대한민국 여성들의 '국민 언니'다. 그의 인생에서 우러나오는 영향력은 감동 그 자체다. 항상 공부하고 현실시키는 실행력을 벤치마킹하고 있다.

나는 이 두 분을 롤모델로 삼아 성장하기 위해 노력한다. 디지털 시대에 맞는 우리 사회의 '구루'다. 이 두 분이 추진하는 일들은 모두 '속도전'으로 치고 나간다. '디지털 트랜스포메이션'에 최적화되어 있는 분들이다.

　판매현장에서 고객과 관계를 맺고 있는 모든 사람은 디지털 교육을 받아야 한다. 만약 회사가 그런 기회를 주지 않는다면 개인적이라도 받을 것을 권한다. 업무를 더 잘하기 위한 교육이 아니다. 생존을 위해서 디지털 교육을 받아야 한다는 뜻이다. 디지털로 무장한 '지식 노마드'가 되어야 한다. 새롭게 밀려오는 첨단 기술을 배워 '자기화'해야 한다. '자기화'를 통해 다른 것들과 융합하자. 연결해야 한다는 뜻이다. 융합과 연결을 하지 않으면 본인 스스로의 일터도 보장할 수 없는 시대가 곧 올 것이다. 앞으로는 디지털로 무장된 고객들을 케어해야 한다. 상품 지식이나 가치에 대해 나보다 더 많이 알고 있는 고객을 상대할 때, 판매 매니저는 어떤 느낌일까? 움츠러들 수 있다. 예방하자. 지금이라도 늦지 않았다. 공부하자. 각종 온라인 교육 사이트를 검색해보라. 본인들이 알고 있는 이상의 정보들이 쏟아지고 있음을 느끼게 될 것이다. 매일 업데이트되고 있는 유튜브 영상은 폭발적이다. 본인에게 맞는 것들을 추려서 공부 계획을 세워보자.

　자신만의 스케줄은 두 가지로 준비해보자. 한 가지는 본인이 맡고 있는 상품에 관한 것이다. 상품 장르에 따라 다르다. 또 다른 한 가지는 인생을 살아가면서 필요한 에너지를 충전받는 것이다. 꿈에 관한 것, 긍정적 생활에 관한 것, 자기의식을 확장하는 것, 삶의 가치를 높이는 프로그램 등에 관한 것 중 본인에게 맞는 것을 선택하면 된다. 생각보다 굉장히 많은 교육 프로그램들이 있다는 것을 발견하게 될 것이다.

우리는 오프라인상에서 수많은 고객과 만나면서 소통의 중요성을 잘 알고 있다. 고객과 나누는 한마디에서 묻어나는 진실의 순간들을 소중하게 생각한다. 디지털화의 열풍이 불더라도 고객과의 본질이 달라지는 것은 없다. 고객의 행복을 위해 노력하는 가치 지향점은 변함이 없다. 기술 발달로 인해 일어나는 과정들이 변혁을 맞이하고 있다.

디지털 시대의 영업담당자는 '인플루언서'다. 오프라인에서의 활동이 온라인상으로만 옮겨졌다고 생각하면 마음이 편하다. 디지털 환경은 몇 가지 원리만 알면 쉽게 접근할 수 있다. 스마트폰을 누구에게 교육받고 사용하는 사람은 없다. 같은 원리다. 쉽게 생각하자. 판매 매니저나 세일즈맨들은 매장에 오는 고객들을 온라인상에서도 소통할 수 있게 개인적으로 준비하자. 그 도구가 SNS다. 인스타그램이나 페이스북을 통해 고객과 소통할 개인적 플랫폼을 만들어보자. 고객과 공감하고 소통하면 된다. 자신의 매력을 진실하게 어필한다. 상품 관련 정보들을 진정성 있게 소개하자. 자신이 공부하는 전문 영역들도 일상과 함께 공감하자. 고객은 내 미래의 파트너다. 나를 마케팅하라. 적극적으로 시도하라.

나는 선한 영향력이 매우 중요하다는 사실을 요즘 더욱 깨닫고 있다. 영향력 있는 사람들의 행동 하나가 사회에 큰 영향을 준다. SNS에 올리는 생각 없는 글 하나가 누군가에겐 치명적인 독이 될 수도 있다. 마케터나 세일즈맨은 '인플루언스 마케팅'을 주목해야 한다. 그 바탕에는 항상 선한 영향력을 전제로 해야 한다. 오프라인에 있는 세일즈맨들은 입소문들이 블로그 리뷰나 인스타그램, 유튜브로 전환되는 것을 목격하고 있을 것이다. 영업현장에 있는 사람들은 각각의 형태에 맞는 입소문 형태를 참고하자. 경험하자. 실행하자. 디지털 시대에는 영업 담당자가 '인플루언서'라는 사실을 명심하자.

마케팅의 패러다임을 바꾸는 '인플루언서', 바다를 찾아 뛰어드는 '퍼스트 펭귄'이 되자!

고객은 점점
더 똑똑해진다

유통 환경이 급변하고 있다. 기존의 오프라인 강자들은 온라인 쇼핑의 진격에 화들짝 놀란다. 이제는 온·오프라인이 공존하는 형태로 서로 컬래버레이션을 하고 있다. 디지털화는 빠른 속도로 경제에 전반적인 영향을 주고 있다. 온라인 상황에서 고객과 소통하는 '온택트' 상황은 코로나가 끝나더라도 지속될 전망이다. 똑똑한 고객들은 쇼핑하기 전, 검색의 바다를 서핑한다. 본인에게 맞는 최적의 상태를 고른 후에 쇼핑하거나 브랜드에 문의한다. 상품에 대한 정보가 완전히 오픈되어 있다. 고객 응대에 한 치의 오차가 있으면 안 된다. 고객들은 상품이나 서비스를 이용한 후에 바로 SNS에 후기를 올린다. 입소문을 통해 영향력은 더욱 증폭된다. 입소문은 온라인상에서 더욱 증폭되거나 자연 소멸된다. '인플루언서 마케팅'이 중요하게 대두되고 있다.

예전에는 세일즈맨이나 판매 매니저의 말을 전적으로 신뢰하고 상품을 구매했다. 요즘은 판매 매니저보다 고객이 더 많이 아는 경우가 나반사다. 영업의 본질은 바로 고객이 상품을 사고 싶어 하게 만드는 것이다. 그런데 고객이 자꾸 변하고 있다. 마케팅 등 다양한 방법으로 타깃팅한 고객들이 변하는 것이다. 마케팅 수단이 고객의 변화 속도를 못 따라가고 있을 때가 한두 번이 아니다. 고객의 니즈도 그렇고, 고객이 선택하는 유통 채널도 변하고 있다. 고객은 점점 더 똑똑해지고 있다. 어떻게 고객의 마음을 사로잡을 것인가? 근 30년 유통 현장에서 마케팅 업무를 하면서 항상 생각했던 질문이다.

백화점 선물부 기간에 고객에게 증정하는 사은품이 정해진 시간에 납품이 되지 않아 밤을 새우며 기다렸던 일이 있었다. 해외에서 수입한 사은품이 중간에 태풍을 만나서 제시간에 도착하지 않아 급하게 다른 사은품으로 대체해 증정했던 일도 있었다. 백화점에서 제공하는 프리기프트 등 사은품에 의해서 집객이 좌우되었다. 이제는 이같이 고객을 사로잡으려는 마케팅 방법은 잊어버려야 한다. 상품을 중심에 두고 펼치던 마케팅도 잊어야 한다. 상품 본질에 충실해야 한다. 고객 스스로도 느끼지 못할 만큼 고객의 마음을 상품으로 끌어당겨야 한다. 스토리텔링을 통해서 고객을 내 편으로 만들어야 한다. 페이스북, 유튜브, 인스타그램, 블로그 등 SNS의 다양한 채널을 활용해 고객이 부지불식간에 매장에 오고 싶은 마음이 들도록 해야 한다.

고객들의 트렌드 변화를 알기 위해 고객들의 집을 방문해 소비 습관을 조사해서 MD 개편에 반영했던 일도 있었다. 조사가 끝난 후에는 철저하게 가명을 사용해 브리핑을 하곤 했다. 백화점의 상품 경쟁력을 향상하기 위한 조사다. 백화점 출점 예상 지역에 주변 지역의 가게 현황을 지도에 작성했던 일도 있었다. 몇몇 지역의 시민을 대상으로 소득 수준별로 일상을 동행 취재했다. 소비 패턴을 조사해 마케팅 정책에 반영했다. 새로 출점하는 지역의 고객들의 생활 패턴을 알면 고객들의 니즈를 어느 정도 파악할 수 있었다. 현재는 빅데이터를 활용해 고객의 트렌드를 분석한다. AI를 활용한 알고리즘 분석을 통해 고객 맞춤형 마케팅 프로모션이 일반화되고 있다.

고객들은 백화점보다 더 풍부한 정보를 그들끼리 공유해 영향력을 만들어내는 똑똑한 사람들이다. 활동은 주로 지역 맘 카페를 통해 서로 공유된다. 이런 사람들의 마음을 얻으려면 마케터나 세일즈맨 역시 센스와 진실을 겸비한 사람이 되어야 한다. 상품에 스토리를 입혀서 차별화된 브랜드를 만들고 브랜딩을 해야 한다.

고객들은 사회 트렌드에 영향을 받는다. 각종 SNS 채널에서 많은 정보들을 접한다. 소비 측면으로 볼 때 대표적으로 젊은 층의 소비 행태가 새로운 트렌드를 만들고 있다. SNS를 활용해 개인적인 상거래를 한다. 일명 '세포 마켓'이다. 더 나아가 중고거래 플랫폼을 활용한 '리셀' 현상이 활발하다. 나의 20대 두 자녀도 '리셀' 거래를 활발하게 한다. 며칠 전, 내가 구매해서 몇 번 신었던 운동화가 좀 불편하다고 아이들에게 말했더니 큰아이가 그 운동화를 중고거래 사이트에서 '리셀'을 했다.

세월이 아무리 변하더라도 변하지 않는 것은 경험의 가치다. 상품을 구매하면서 느끼는 경험의 가치는 삶의 여정 속에서 추억과 스토리를 쌓는다. 디지털화되고 있는 기능적인 기술의 발달은 수단일 뿐이다. '고객의 경험'을 가치 있게 제공할 수 있는 공급자가 진정한 승자가 될 수 있다. 많은 유통회사에서 고객들이 체험할 수 있는 차별화 상품 또는 서비스를 구현하기 위해 노력하고 있다. 아무리 코로나19 상황이라도 사람과 사람 간의 연결에 대한 욕구를 방해하지 못한다. 감성과 사랑이 흐르는 소통과 공감을 화두로 마케팅 수단을 연구해야 한다. 고객에게 인간적 감성을 느낄 수 있는 상품과 서비스를 제공해야 한다. 디지털화가 전개될수록 감성 마케팅이 중요하다.

세상의 흐름이 빠른 만큼 점진적 개선은 의미가 점점 없어질 것이다. 목표를 향해 잽을 날리듯 가볍게 실험하는 시나리오 마케팅이 필요한 시점이다. 고객은 점점 더 스마트하게 진화하고 있다. 지금 당장 고객의 반응이 좋다고 해서 머물면 안 된다. 상시적으로 수정하고 실행하는 조직 내 시스템을 구축해야 한다. 이는 소규모 자영업을 하든, 대기업을 운영하든 같은 원리다. 고객의 관점에서 지속해서 수정 보완해야 한다.

똑똑한 고객은 남들과 똑같은 생활 패턴을 버리고 자기만의 개성 있는 소비를 하려는 경향이 있다. 이것은 생존 소비를 넘어서 가치 소비를 지향한다는 것이다. 과시형 소비와 모방 소비 경향이 줄어든다는 의미다. 나만의 공간과 취미를 찾는 이유가 많아진다.

뒷골목의 작은 카페들이 그 지역을 넘어 유명해지고, 문을 닫았던 독립 서점들이 새로운 커뮤니티 공간으로 자리매김하는 현상이 일어나고 있다. 나이를 구분하지 않고 자기만의 취미 생활에 돈과 시간을 투자하는 사람들이 많아지고 있다. 웰빙을 넘어 어떻게 웰다잉을 할 것인가? 어떤 삶을 살아야 후회 없이 행복한 것인가? 묵직하게 던져오는 삶의 질문들은 고객들이 라이프 스타일 MD에 관심을 갖게 한다. 고객의 소비적인 진화는 이미 라이프 스타일 비즈니스들이 성장하는 기틀이 되고 있다.

고객은 옛날같이 단골 고객으로 머물지 않는다. 비즈니스의 화두는 '진정성 있는 나의 고객을 얼마나 오래 나의 터전에 머물게 할 것인가?'이다. 이미 누구도 피해갈 수 없는 세상의 흐름이 되었다. 진정성 있는 고객은 진실한 브랜드와 만나 평생을 같이할 수 있다. 이렇게 되기 위해서는 고객의 라이프 스타일과 함께하는 생애 브랜드가 되는 것이 가장 효과적일 수 있다. 어떤 상황이 되더라도 내가 갖는 퍼스널 브랜딩의 가치가 고객과 함께하는 우호적인 모습이 되어야 한다.

현재 우리는 브랜드의 홍수 속에 살고 있다. 서로 경쟁하며 비교하다가 브랜드 고유의 정체성마저 흔들리는 현상을 많이 목격하게 된다. 고객은 더 이상 브랜드를 기억하지 못하고, 사야 할 가치를 느끼지 못하게 된다. 최종적으로 고객에게 다가설 수 있는 것은 비슷한 상품들과 경쟁하지 않는 것이다. 고객의 관점만 바라보고 가야 한다. 스스로의 탁월함을 만들기 위해 노력해야 한다.

일반인에서 오피니언 리더들을 포함하는 유명 인사들까지 소셜 미디어가 대세라는 사실을 부인할 사람은 없을 것이다. 페이스북, 유튜브, 트위터, 인스타그램 등 SNS 채널을 통해 사람들은 소통과 공감의 장을 만들고 있다. 어떤 이들은 '인플루언서'라는 이름으로 사람들의 라이프 스타일과 기업체의 상품에 영향력을 발휘하고 있다. 철저한 입소문 마케팅을 온라인상에서 진행하는 것이다. '인플루언서'의 한마디에 고객이 움직이는 세상이 되어가고 있다. 현장에 있는 마케터나 세일즈맨들은 점점 더 똑똑해지는 고객의 감각을 리드하기 위해 '인플루언서'가 될 필요가 있다. 이제 SNS는 삶과 떨어질 수 없는 일부가 되었다.

판매현장에서 진실한 당신의 한마디는 고객의 지갑을 열 것이다. SNS 채널에서 당신의 한마디는 소통의 흐름을 타고 당신의 상품을 브랜딩할 것이다. 점점 더 똑똑해지는 고객을 당신의 단골 고객으로 묶어야 한다. 온라인이든, 오프라인이든 '진실의 말'이 답이다.

결국 고객은 당신의 한마디에 지갑을 연다

제1판 1쇄 | 2021년 5월 14일
제1판 3쇄 | 2021년 6월 9일

지은이 | 남윤용
펴낸이 | 윤성민
펴낸곳 | 한국경제신문 *i*
기획제작 | (주)두드림미디어
책임편집 | 최윤경   디자인 | 얼앤똘비악earl_tolbiac@naver.com

주소 | 서울특별시 중구 청파로 463
기획출판팀 | 02-333-3577
E-mail | dodreamedia@naver.com
등록 | 제 2-315(1967. 5. 15)

ISBN 978-89-475-4711-6 (03320)